中国税法：回顾与展望

（2018—2019）

王冬生 马雯丽 刘洪玮 姚亚斌 著

2019年·北京

图书在版编目（CIP）数据

中国税法：回顾与展望. 2018—2019 / 王冬生等著. —北京：商务印书馆，2019
ISBN 978-7-100-17624-8

Ⅰ.①中⋯　Ⅱ.①王⋯　Ⅲ.①税法—研究—中国　Ⅳ.①D922.220.4

中国版本图书馆CIP数据核字（2019）第141786号

权利保留，侵权必究。

中国税法：回顾与展望
（2018—2019）
王冬生　马雯丽　刘洪玮　姚亚斌　著

商务印书馆出版
（北京王府井大街36号　邮政编码100710）
商务印书馆发行
北京艺辉伊航图文有限公司印刷
ISBN 978 - 7 - 100 - 17624 - 8

2019年8月第1版　　　　开本 710×1000　1/16
2019年8月北京第1次印刷　印张 15
定价：45.00元

目 录

增值税

1. 增值税税率下调：内容、影响、对策　　/ 3
2. 增值税的税基、税率、税负　　/ 11
3. 增值税若干问题明确　探究法规背后的法理　　/ 18
4. 委托开发软件服务费的进项税如何抵扣　　/ 26

企业所得税

5. 税前扣除凭证与所得税风险防控　　/ 33

个人所得税

6. 热点分析：个税计算、社保征管、创投基金　　/ 43
7. 个税法规解读之一：个人所得税专项附加扣除问答　　/ 49
8. 个税法规解读之二：个人所得税专项附加扣除范围、标准及申报操作　　/ 55

目 录

9. 个税法规解读之三：单位如何计算应扣缴的个税　　　　　/ 64
10. 个税法规解读之四：个人所得税主要问题解答　　　　　/ 73
11. 个税法规解读之五：全年一次性奖金等优惠政策如何衔接　　/ 99
12. 个税法规解读之六：全年一次性奖金的问题、原因、对策　　/ 116

其他税种

13. 资源税的税额计算和征收管理　　　　　　　　　　　　/ 123
14. 从房产税和土地使用税的征免看"去产能、调结构"的限期优惠　/ 129

国际税收

15. 国际税收新规之一：如何判定"受益所有人"身份　　　　/ 137
16. 国际税收新规之二：合伙企业与合作办学的协定适用　　　/ 152
17. 国际税收新规之三：国际运输免税收入和免税主体　　　　/ 156
18. 国际税收新规之四：演艺人员和运动员的纳税义务　　　　/ 160

实务与案例

19. 纳税义务与经济合同　　　　　　　　　　　　　/ 171

20. 视同销售的销项税能否所得税前扣除　　　　　/ 176

21. 自走逃企业取得的发票能否作为税前扣除凭证　/ 181

22. 虚开增值税专用发票：判定、处罚、预防　　　/ 190

23. 影视行业的涉税问题：依法自查，控制风险　　/ 199

24. 税局被判败诉　是非值得分析　　　　　　　　/ 207

展　望

25. 全面认识税负　双向调整税负　　　　　　　　/ 219

26. 法理与法规：税收征管法若干问题　　　　　　/ 226

增值税

1. 增值税税率下调：内容、影响、对策

在2018年3月28日国务院决定降低增值税税率一周后，4月4日，财政部和税务总局下发了《关于调整增值税税率的通知》（财税〔2018〕32号，以下简称32号文），自2018年5月1日起执行。本文结合32号文的规定，分析对纳税人的影响，以便读者正确认识税率调整对自己的影响，在管理上应做哪些相应调整。本文分析以下问题：

一、32号文规定的特点和内容

二、税率调整的影响和对策

三、农产品扣除的影响和对策

四、出口退税调整的影响和对策

一、32号文规定的特点和内容

32号文出台后，澄清了之前的一些困惑，比如因为增值税是对货物征收的，为何只降低制造业税率？原来，不是单独降低制造业的税率，而是有关的行业都降低。

（一）税率都降低，不是个别行业降低

32号文第1条规定："纳税人发生增值税应税销售行为或者进口货物，原适用17%和11%税率的，税率分别调整为16%、10%。"

也就是说，17%税率和11%税率实际上被取消了，尽管2017年修订的包括营改增服务在内的《增值税暂行条例》中，还有17%和11%的税率。

（二）对农产品作出专门规定

由于农业生产者销售的自产农产品免征增值税，购进免税农产品如何抵扣进项税，一直有特殊规定。

32号文规定："纳税人购进农产品，原适用11%扣除率的，扣除率调整为10%。纳税人购进用于生产销售或委托加工16%税率货物的农产品，按照12%的扣除率计算进项税额。"

根据上述规定，购进免税农产品，在计算可以扣除的进项税时，适用的扣除率由原来的11%调整为10%，因为农产品的适用税率也调整为10%了。但是，如果购进农产品用于生产税率是16%的货物，则扣除率可以是12%，类似于国家进行了补贴。

（三）出口退税率同步下调

32号文第4条规定："原适用17%税率且出口退税率为17%的出口货物，出口退税率调整至16%。原适用11%税率且出口退税率为11%的出口货物、跨境应税行为，出口退税率调整至10%。"

出口货物和服务的退税率，最高不能高于征税率，在征税率下调后，退税率必然相应下调。

（四）对外贸企业和生产企业区别对待

对出口企业而言，如果购进时适用的税率是17%或11%，原退税率也是17%或11%，是不是也要将退税率调整为16%或10%？如果这样调整，纳税人不是吃亏了吗？

32号文在时间上有衔接的规定，但是只有三个多月的宽限期，外贸企业和生产企业有很大区别，生产企业优于外贸企业。

1. 外贸企业出口

针对外贸企业出口，32号文第5条规定："外贸企业2018年7月31日前出口的第四条所涉货物，销售的第四条所涉跨境应税行为，购进时已按调整前税率征收增值税的，执行调整前的出口退税率；购进时已按调整后税率征收增值税的，执行调整后的出口退税率。"

2. 生产企业出口

针对生产企业出口，32号文规定："生产企业2018年7月31日前出口的第四条所涉货物，销售的第四条所涉跨境应税行为，执行调整前的出口退税率。"

与外贸企业不同的是，生产企业不考虑购进时的税率是17%还是16%。

3. 出口时间的凭证

如何判定出口的时间？出口货物，看报关单；出口服务，看出口发票。32号文规定："调整出口货物退税率的执行时间及出口货物的时间，以出口货物报关单上注明的出口日期为准，调整跨境应税行为退税率的执行时间及销售跨境应税行为的时间，以出口发票的开具日期为准。"

（五）执行时间与纳税义务和发票开具

32号文自2018年5月1日起执行。

凡是纳税义务发生在5月1日及以后的，执行调整后的16%和

10%的税率。

如果纳税义务发生在5月1日之前,但是没有及时纳税,在5月1日以后补缴税款时,适用何种税率?应该是调整前的税率。

如果纳税义务发生在5月1日之前,已经按照17%计算销项税,但是发票开在5月1日之后,发票用什么税率?发票应该开17%的税率。

二、税率调整的影响和对策

税率调整的影响分为对利润的影响和对管理的影响。

(一)对利润的影响

纳税人最关心的是利润。对利润的影响,分价外税和价内税两种情况。

1. 价外税不影响利润

增值税是价外税,严格讲,不影响收入、不影响成本、不影响利润、不影响损益表,因此,降低一个百分点,不会起到增加利润的作用。

2. 价内税影响利润

但是,增值税在零售环节,都是价内税;房地产企业向个人销售房子时,也是价内税。在价内税的情况下,对外售价不变、其他支出不变,销项税的税率降低一个点,相当于收入增加将近一个点,利润增加约0.7个百分点(假定所得税税率为25%)。

对购买方而言,支付给对方的支出,如果含税价不变,税率降低一个点,相当于自己的成本增加将近一个点,利润减少约0.7个百分点。

(二)对管理的影响

对管理的影响,主要是对定价和合同的影响。

1. 对定价的影响

如果销售价格是含税价,争取在税率下降的情况下,不降低含税价,把税率下降一个点,变成自己的收入增加一个点。

以房地产企业为例,调整前销售一套房子是111万元,税率是11%,收入是100万元。在税率为10%的情况下,含税价还是111万元,则收入变成100.9万元,收入增加了0.9万元。

如果购进价格是含税价,争取在税率下降的情况下,降低含税价,避免税率下降导致自己成本增加。

以购买房子的企业为例,假定税率调整前购置一套房子是111万元,对方开具价款100万元、税款11万元的增值税发票,购买方的成本是100万元。如果税率下调为10%后,含税价还是111万元,销售方开具价款100.9万元、税款10.1万元的增值税发票,则购买方的成本增加了0.9万元。税率调整后,应争取将含税价下降为110万元,让对方开具价款100万元、税款10万元的增值税发票,这样才能保证对方收入不降低,自己成本不增加。

2. 对合同的影响

由于32号文自2018年5月1日起执行,纳税义务如果发生在5月1日之后,原合同约定的17%或11%税率发票,都要按照16%或10%开具,付款方支付的进项税税款,也应相应降低。

因此,跨期执行的合同,应签署补充协议,对税率调整后的事项进行明确。

三、农产品扣除的影响和对策

农产品的扣除问题,在《关于简并增值税税率有关政策的通知》(财税[2017]37号,以下简称37号文)中也有相应的规定,主要原则是,不因税率调整影响农产品的扣除力度。37号文取消了13%的税率,但是符合条件的企业,购进农产品的扣除率仍可以是13%。

32号文将农产品的税率由11%降低到了10%。关于农产品的扣除，32号文规定："纳税人购进用于生产销售或委托加工16%税率货物的农产品，按照12%的扣除率计算进项税额。"税率降低一个百分点，扣除也降低一个百分点，似乎没有变。

下面分纳税人自免税农业生产者购进农产品和自一般纳税人购进农产品，对纳税人的不同影响。

（一）自免税农业生产者购进农产品

A公司自农民手中购进棉花，纺纱后织布，生产销售适用16%税率的棉布。税率调整前，棉布的税率是17%，棉花的扣除率是13%；税率调整后，棉花的扣除率是12%。假定购进价格是1000元，销售价格是2500元，销售价格是不含税价。

1. 调整前的税额和损益

销项税额 = 2500 × 17% = 425 元

进项税 = 1000 × 13% = 130 元

增值税应纳税额 = 425 - 130 = 295 元

毛利 = 2500 - (1000 - 130) = 1630 元

2. 调整后的税额和损益

销项税额 = 2500 × 16% = 400 元

进项税额 = 1000 × 10% = 100 元

增值税应纳税额 = 400 - 120 = 280 元

毛利 = 2500 - (1000 - 120) = 1620 元

如果自免税的农业生产者手中购进农产品，在价格不变的情况下，则毛利下降，因为抵扣率下降了一个百分点。

（二）自流通企业购进应税农产品

A公司自B公司购进棉花，税率调整前，购进价格1000元，棉花税率是11%，A公司支付进项税110元，抵扣13%，抵扣130元。纺纱织布后，销售棉布适用的税率是17%，销售价格是2500元，销项税额是425元。税率调整后，A公司在购进价格和销售价额不变的情况下，由于棉花的税率降低为10%，A公司支付的进项税是100元，抵扣12%，抵扣120元，销项税额是400元。

1. 调整前的税额和利润

增值税应纳税额 = 425 - 130 = 295 元

毛利 = 2500 - (1000 - 130) = 1630 元

2. 调整后的税额和利润

增值税应纳税额 = 400 - 120 = 280 元

毛利 = 2500 - (1000 - 120) = 1620 元

调整后，自一般纳税人购进棉花，毛利也下降了。尽管毛利下降，但是对纳税人而言，国家还是在补贴；在有市场的情况下，业务越大，补贴越多。

四、出口退税调整的影响和对策

32号文对外贸企业和生产企业有不同的规定，对两类企业的影响和其对策也不尽相同。

（一）外贸企业应抓紧时间报关出口

根据32号文的规定，外贸企业购进原适用17%和11%退税率的货物和服务，只有在7月31日前出口，取得出口报关单或开具出口发票，才可以按照原17%或11%的退税率执行。如果报关单或出口发票的日期在7月31日之后，则只能按照16%或10%的退税率退税，这就会造成退税的损失。

所以，外贸企业购进时，如果货物的税率是17%，劳务的税率是11%，应抓紧时间抢在7月31日前出口。当然，如果购进的货物或服务，在购进时适用调整后的税率，不存在少退税的问题，不必急于在7月31日前出口。

（二）生产企业或可多退税款

根据 32 号文规定，生产企业只要在 7 月 31 日前出口货物或应税服务，就可以适用调整前的退税率，没有像外贸企业那样，区分购进时的税率是调整前还是调整后。

也就是说，生产企业购进 16% 税率原材料生产的出口货物，也可以适用 17% 的退税率，有点类似于农产品购进企业多抵扣税款。由于生产企业从接单到出口，时间一般会超过三个月，生产企业多退税款，更多是一种理论分析，没有多少实际意义。

总之，这次降低税率对纳税人的影响，还是值得重视的。纳税人应正确认识影响，有效采取对策，尽量享受降税红利，规避潜在的损失。

2.增值税的税基、税率、税负

增值税不时成为热点问题,人们对许多流行的观点有不同的认识。本文以一般纳税人为例,结合对增值税三个基本问题的分析,讨论以下问题:

一、增值税的税基与进项税抵扣

二、增值税税率降低的影响与对策

三、增值税的税负与留抵退税

一、增值税的税基与进项税抵扣

对税基的认识，直接影响对抵扣问题的认识。与税基有关的问题，包括以下几个：

（一）税基与征税对象

税基与征税对象是两个概念。

任何税种，都有征税对象，也就是对什么征税。征税对象不同，是税种与税种之间的本质区别。增值税以增值额为征税对象，所得税以所得额为征税对象。任何税种计算应纳税额，都是计税依据和税率的乘积。计税依据也就是税基，计税的基数。

许多税种的征税对象与计税依据是一致的，比如增值税的征税对象和计税依据，都是增值额；所得税的征税对象和计税依据，都是所得额。但有的税种不一致，比如房产税的征税对象是房产，但是计税依据是房产余值或租金。

（二）增值额的构成

增值额分为理论增值额和法定增值额。

仅从基本原理分析，增值额是新创造的价值，就是商品价值构成"C+V+M"中的"V+M"，也就是工资加利润。

但是增值税规定，利息支出等不得抵扣进项税，法定的增值额大于理论的增值额。

（三）人工成本不得抵扣

某些人工成本占比较高的企业，抱怨因人工成本不能抵扣进项税，导致税负加重。其实，由于人工成本是增值额的组成部分，人工成本是不抵扣进项税的，也不能通过扣减销售额的方式，变相抵扣进项税。如果人工成本抵扣进项税，增值税就变成所得税了，而所得税的所得额是不包括人工成本的。

（四）可以抵扣的进项税

从理论上分析，除了人工成本不能抵扣进项税外，一般纳税人的其他支出都应该抵扣进项税。

当然，增值税的法规规定了利息等支出不得抵扣进项税。

纳税是依法纳税，不是依理纳税；税法怎么规定，就应怎么执行。

（五）税额的计算符合一般原理

任何一个税种税额的计算，都应是计税依据与税率的乘积，但是增值税一般纳税人税额的计算，似乎不是。其实，它并没有违背一般原理，只是一种变形。通过下面的推算，就可以看出来。

应税税额 = 销项税额 − 进项税额

= 销售收入 × 税率 − 购进支出 × 税率

= （销售收入 − 购进支出）× 税率

= 增值额 × 税率

二、增值税税率降低的影响与对策

增值税的税率由 17% 下调到 16%、由 11% 下降到 10%，是一项重大的政策调整，需要正确认识税率调整的影响。税收对纳税人的影响，简单理解，就是向国家缴的多，自己剩的就少。也就是说，判断税收政策调整对纳税人的影响，最终应该是看对利润的影响。税率高低对纳税人的影响是好是坏，价内税和价外税不同，需要具体分析。

（一）价内税与税率降低的影响

增值税是价外税，这是《增值税暂行条例》规定的。在计算增值税时，应按照不含税的价格计算；如果价格含税，就换算成不含税价。

如果是价内税，税率调整直接影响纳税人的收入、成本、利润。

在含税销售价不变的情况下，降低税率有收入增加的效应；在含税购进价不变的情况下，降低税率有成本增加的效应。

假定A公司的购进和销售都是含税价。购进价格117元，销售价格234元。如果税率是17%，不考虑其他因素，则：

收入是200元，成本是100元，毛利是100元。

如果税率降低到16%，则：

收入是201.72元，成本是100.86元，毛利是100.86元。

税率下降，导致收入增加，成本也增加，但是收入增加得多，毛利增加0.86元。

（二）价外税与税率降低的影响

如果是价外税，则降低税率对纳税人的影响几乎可以忽略不计。仍用上述例子：

A公司的购进和销售都是不含税价，税率是17%。购进价格100元，进项税是17元；销售价格200元，销项税是34元。如果税率是17%，不考虑其他因素，则：

收入是200元，成本是100元，毛利是100元。

如果税率降低到16%，则：

销售收入还是200元，销项税是32元，购进成本还是100元，进项税是16元，毛利还是100元。

在价外税的情况下，税率调整不影响收入和成本，毛利不变。所以，税率调整对纳税人的影响几乎可以忽略。

（三）降低税率的对策

从上面的分析可以看出，对增值税一般纳税人而言，如果购进和销售一直是价外税，降低税率对其没有影响，也无所谓对策。

如果是价内税，由于对成本和收入的影响不同，应采取不同的对策。

销售价格，应争取按照原含税价开具发票，享受税率下降的收入增加效应。以上述A公司为例，在含税销售价格是234元时，如果税率是17%，则收入是200元。在税率降低到16%时，如果销售价还是234元，则收入是201.72元。如果含税价降低到232元，则收入还是200元，没有下降，但是没能享受税率下降的收入增加效应。

购进价格，应争取降低购进含税价格，保证自己的成本不增加，避免成本增加效应。以上述A公司为例，在购进含税价117元、税率17%时，购进成本是100元，对方收入是100元。在税率降低到16%时，含税价应降低到116元，这样自己的成本和对方的收入都还是100元。如果还是支付117元，则自己的成本和对方的收入都变为100.86元，自己增加的成本变成了对方增加的收入。

三、增值税的税负与留抵退税

增值税的税负，可能是误区最大的一个问题。

（一）税负的概念经不起推敲

尽管税负的概念一直是热点，但是增值税税负的概念经不起推敲。因为，增值税是消费者负担的，既然是消费者负担，纳税人不是负税人，算税负有多少意义呢？

增值税确实是消费者负担的，下面的例子就可以说明。

假定货物自生产到消费不同阶段的价格是：

生产企业A公司，假定进项税是0，销售价格100元，销项税17元，缴纳增值税17元。

批发企业B公司，购进价格100元，进项税17元，销售价格200元，销项税34元，缴纳增值税17元。

零售企业C公司，购进价格200元，进项税34元，含税零售价格351元，不含税价格300元，销项税51元，缴纳增值税17元。

三个纳税人共缴纳增值税 51 元,这 51 元恰恰是零售环节的销项税。所以,增值税是消费者负担的,因为消费者不能再将税负转嫁。

(二)税负越高可能越好

按照一般理解,税负越高,纳税人负担越重,越不好,所以一直强调降低增值税的税负。按照有关法规的规定,增值税的税负计算公式是:

税负 = 应纳税额 / 不含税收入

也就是在不含税收入一定的情况下,税额越大,税负越重。但是,对纳税人而言,利润比税负重要,如果税负越重,利润越大,那就欢迎税负加重。

假定 A 公司和 B 公司生产销售同样的货物:

A 公司购进价格 100 元,进项税 17 元,销售价格 200 元,销项税 34 元,应纳税额 17 元,税负是 8.5%。

B 公司购进价格 150 元,进项税是 25.5 元,销售价格也是 200 元,销项税是 34 元,应纳税额 8.5 元,税负是 4.25%。

A 公司的税负比 B 公司高出一倍,但是 A 公司的毛利是 100 元,B 公司是 50 元。税负重的,毛利大。之所以出现这种效果,就是因为增值税的计税依据是增值额,增值额大,尽管纳税多,但是毛利也大,与个人所得税是一个道理。

(三)留抵退税对纳税人的影响

有留抵税额,纳税人应纳税额是负数,税负似乎是零。有些行业可能要享受留抵退税的政策,如集成电路行业已经有这种优惠了。但是,留抵退税并不能真正减轻纳税人的税额,只是将以后缴纳的税额,提前到现在缴纳。当然,如果退的多,缴的少,退税可以减轻现金流压力。

假定 A 公司 2018 年 1 月底有留抵税额 100 万元,2 月当期发生进项税 30 万元，2 月份的销项税额是 80 万元。

如果没有留抵退税，则 2 月份应纳税额是 –50 万元，不用缴纳增值税，还有 50 万元的留抵税额。

应纳税额 =80–（100+30）=–50 万元

如果留抵税额 100 万元在 2 月份退给 A 公司，则 A 公司 2 月份缴纳增值税 50 万元，没有留抵税额。

应纳税额 =80–30=50 万元

所以，留抵退还的增值税，以后还是要缴回去。留抵退税，只是暂时缓解了现金流的压力。

（四）留抵退税导致的退税与征税矛盾

留抵退税的难处在于对有关税局和地方利益的影响，有点不公平。

假定 A 公司在山东，留抵税额 100 万元，要退还，只能是 A 公司在山东的主管税局退还。但是，与 A 公司这 100 万元对应的销项税，十有八九是其他地方向 A 公司销售货物或提供服务的公司缴纳的，比如是在山西的 B 公司。也就是这 100 万元的增值税缴纳在山西，却由山东的税局退税，退税与征税不在一个地方，导致两地税局和地方财政的矛盾。

处理好征税与退税的利益矛盾，也许是执行好这一政策的关键。

3. 增值税若干问题明确　探究法规背后的法理

国家税务总局在《关于明确中外合作办学等若干增值税征管问题的公告》（总局公告2018年第42号，以下简称42号公告）中，明确了七个增值税问题。知道这些问题如何处理很重要，但是，知其然，更要知其所以然，这更重要。本文结合42号公告的规定，分析法规背后的法理，也许有助于读者在遇到看似税法规定不明确的问题时，能正确分析判断自己的纳税义务。本文包括以下问题：

一、境外教育机构学历教育收入可免增值税

二、航空运输销售代理企业扣额法计算增值税

三、转让补充耕地指标按照无形资产纳税

四、上市公司如何确定重大资产重组限售股价格

五、拍卖行按照"经纪代理服务"缴纳增值税

六、安装自己销售的设备按甲供工程简易计税

七、补开"营改增"之前的发票取消时间限制

八、公告执行之前的事项也可执行公告

一、境外教育机构学历教育收入可免增值税

境外教育机构合作办学收入能否免税的问题，是怎么来的？因为学校学历教育收入有免增值税的规定，但是免税学校的范围是否包括中外合作办学，似乎不明确。

（一）学校免征增值税的规定

按照"营改增"的财税〔2016〕36号文附件三《营业税改征增值税试点过渡政策的规定》第一条第（八）项规定，"从事学历教育的学校提供的教育服务"免征增值税。免税学校的范围包括：

普通学校；

经地（市）级以上人民政府或者同级政府的教育行政部门批准成立、国家承认其学员学历的各类学校；

经省级及以上人力资源社会保障行政部门批准成立的技工学校、高级技工学校；

经省级人民政府批准成立的技师学院。上述学校均包括符合规定的从事学历教育的民办学校，但不包括职业培训机构等国家不承认学历的教育机构。

（二）合作办学是否在免税学校范围

那么，境外教育机构与境内机构合作办学取得收入，能否免税？

能否免税的关键之一，是中外合作办学机构是否在可以免税的学校范围内？

当然是。

因为免税学校范围第二款是"经地（市）级以上人民政府或者同级政府的教育行政部门批准成立、国家承认其学员学历的各类学校"。所以，经过批准的中外合作办学机构在免税的学校范围内。

42号公告明确："境外教育机构与境内从事学历教育的学校开展中外合作办学，提供学历教育服务取得的收入免征增值税。"当然，

享受免税待遇，还要满足其他有关规定，比如国务院的有关规定、36号文的规定。

（三）如何判定能否享受税收优惠

遇到具体问题时，如何判定能否享受优惠？看是否满足优惠的条件，只要满足条件，就可以享受优惠。以中外合作办学为例，尽管没有明确规定中外合作办学可以享受免税，但是免税学校的范围显然包括中外合作办学。

即使没有42号公告，中外合作办学也应该在免税范围。因为36号文关于学校免税的范围，没有排除中外合作办学。

对境外教育机构而言，除增值税外，是否构成常设机构、是否有企业所得税纳税义务，也值得关注，本文不再探讨。

二、航空运输销售代理企业扣额法计算增值税

42号公告明确的航空运输销售代理企业的增值税问题，实际上再次说明了增值税的两种方法，以及如何争取采用扣额法。

（一）增值税的扣税法与扣额法

增值税的征税对象是增值额，增值额怎么计算？实际上有两种方式，一是常用的扣税法，通过抵扣进项税，达到对增值额征税的目的；二是针对某些情况的扣额法，扣减销售额。在无法取得扣税凭证，无法抵扣进项税的时候，就直接扣减销售额，也可以实现对增值额征税的目的。但是，扣额也需要提供有关凭证。

（二）航空运输销售代理企业实行扣额法

由于航空销售代理企业支付的有关费用，无法取得增值税专用发票等扣税凭证，只能采用扣额法。

42号公告规定，航空运输销售代理企业提供境内机票代理服务，以取得的全部价款和价外费用，扣除向客户收取并支付给航空运输

企业，或其他航空运输销售代理企业的境内机票净结算款和相关费用后的余额，为销售额。

那么，扣额时需要提供什么凭证呢？

支付给航空运输企业的款项，以国际航空运输协会（IATA）开账与结算计划（BSP）对账单或航空运输企业的签收单据为合法有效凭证；

支付给其他航空运输销售代理企业的款项，以代理企业间的签收单据为合法有效凭证。

航空运输销售代理企业就取得的全部价款和价外费用，向购买方开具行程单，或开具增值税普通发票。

（三）能否直接适用扣额法？

在没有42号公告之前，航空销售代理企业能否直接适用扣额法？缺乏法律依据，不能直接适用。

但是，42号公告也提示纳税人，凡是因为无法取得增值税专用发票等扣税凭证导致无法按照增值额征税的行业，可以及时向国家财税主管部门反映，争取按照扣额法解决不能按照增值额征税的问题。

三、转让补充耕地指标按照无形资产纳税

转让补充耕地指标，到底是适用土地10%的税率，还是适用6%的税率？

（一）业务性质、收入性质、纳税义务

业务决定税务。业务性质决定收入性质，收入性质决定纳税义务。因此，在判定纳税义务之前，先详细分析业务性质和收入性质。

（二）什么是转让补充耕地指标

转让补充耕地指标，是转让土地使用权吗？不是。

由于我国耕地紧张，为保护耕地，要求占用耕地的企业，必须

开垦同样的耕地。但是，占用耕地的企业可能没条件开垦，如果其他单位开垦了新的耕地，新开垦耕地的企业可以通过向占用耕地企业收费的方式，将开垦的耕地算到占用耕地企业头上，这就是转让补充耕地指标。

这种方式有点类似于炭交易。

（三）转让耕地指标，实际是转让权益

开垦耕地企业收取的这笔收入，显然不是转让土地使用权，而是转让占用耕地进行建设开发的权益。因此，42号公告规定："纳税人通过省级土地行政主管部门设立的交易平台转让补充耕地指标，按照销售无形资产缴纳增值税，税率为6%。"

四、上市公司如何确定重大资产重组限售股价格

纳税人转让股票，需要按照卖出价和购入价的差，计算缴纳增值税。上市公司因资产重组形成的限售股，在时间上有两种可能：一是上市后再重组，二是上市前就重组。42号公告分别确定了两种限售股买入价的方式。

（一）上市后重组形成的限售股

42号公告规定，上市公司因实施重大资产重组形成的限售股，以及股票复牌首日至解禁日期间由上述股份孳生的送、转股，因重大资产重组停牌的，按照《国家税务总局关于营改增试点若干征管问题的公告》（国家税务总局公告2016年第53号）第五条第（三）项的规定确定买入价。即："以该上市公司因重大资产重组股票停牌前一交易日的收盘价为买入价。"

（二）上市之前重组形成的限售股

在重大资产重组前已经暂停上市的，42号公告规定："以上市公司完成资产重组后股票恢复上市首日的开盘价为买入价。"

五、拍卖行按照"经纪代理服务"缴纳增值税

拍卖行受托拍卖货物时,其业务性质实际是代理业务。但在营业税和增值税并存时,国家税务总局在《关于拍卖行取得的拍卖收入征收增值税、营业税有关问题的通知》(国税发〔1999〕40号)中规定:"对拍卖行受托拍卖增值税应税货物,向买方收取的全部价款和价外费用,应当按照4%的征收率征收增值税。""对拍卖行向委托方收取的手续费征收营业税。"也就是营业税也征,增值税也征。

在全面实施增值税后,再将拍卖行同时定性为销售货物和服务,有点不合理。42号公告明确,"拍卖行受托拍卖取得的手续费或佣金收入,按照'经纪代理服务'缴纳增值税。"

六、安装自己销售的设备按甲供工程简易计税

增值税的混合销售和兼营,一直是比较麻烦的问题。但是对有些情况如何处理,有明确的规定。

(一)销售自产货物并安装,分别纳税

根据国家税务总局公告2017年第11号的规定,"纳税人销售活动板房、机器设备、钢结构件等自产货物的同时提供建筑、安装服务,不属于《营业税改征增值税试点实施办法》(财税〔2016〕36号文件)第四十条规定的混合销售,应分别核算货物和建筑服务的销售额,分别适用不同的税率或者征收率。"

安装劳务的税率目前是10%。

(二)安装自产设备,可简易计税

根据42号公告的规定,一般纳税人销售自产机器设备的同时提供安装服务,应分别核算机器设备和安装服务的销售额,安装服务可以按照甲供工程选择适用简易计税方法计税。

按照简易计税,就比按照一般计税少纳增值税。

（三）安装外购设备，兼营收入可简易计税

一般纳税人销售外购机器设备的同时提供安装服务，如果已经按照兼营的有关规定，分别核算机器设备和安装服务的销售额，安装服务可以按照甲供工程选择适用简易计税方法计税。

所以，销售外购设备并提供安装服务，最好分别签署销售合同和安装合同，安装合同收入，可以按照简易方法计税。

（四）维护保养不是修理修配

纳税人对安装运行后的机器设备提供的维护保养服务，按照"其他现代服务"缴纳增值税。

这里需要注意的是，维护保养不是修理修配。

42号公告废止了2017年第11号公告第4条。该第4条仅限于销售电梯的安装，可以按照甲供工程简易计税。42号公告将适用范围扩大到一般的机器设备，使税法更加公平。

七、补开"营改增"之前的发票取消时间限制

许多纳税人需要补开"营改增"之前的发票，但之前规定应在2017年12月31日前，这显然难以满足纳税人的要求。42号公告规定，"纳税人2016年5月1日前发生的营业税涉税业务，包括已经申报缴纳营业税或补缴营业税的业务，需要补开发票的，可以开具增值税普通发票。纳税人应完整保留相关资料备查。"

也就是不再设置时间限制了。

八、公告执行之前的事项也可执行公告

42号公告是总局2018年7月25日发布的，自发布之日起施行。

此前已发生未处理的事项，按照42公告的规定执行。2016年5月1日前，纳税人发生转让限售股应税行为，已缴纳营业税的，不

再调整；未缴纳营业税的，比照42号公告规定缴纳营业税。

如果某销售设备的纳税人，安装服务还没有纳税，可以争取享受简易计税。

财税部门出台优惠政策时，对新法规生效之前该征没征的税款，经常是允许比照新的优惠文件，免征或减征。这种导致老实人吃亏的做法，对纳税人的遵从意识有一定的负面影响。

4. 委托开发软件服务费的进项税如何抵扣

案例介绍：甲公司委托乙公司开发软件，向乙公司支付服务费，乙公司给甲公司开具了增值税专用发票。甲公司将开发的软件作为无形资产处理，既用于增值税应税项目，也用于增值税免税项目，甲公司的进项税是全部抵扣还是按照收入比例计算抵扣？

之所以提出上述问题，是因为甲公司的情况难以与有关规定完全吻合。但是结合有关规定及其原理，结合在征纳过程中公权与私权的处理方式，笔者认为甲公司有关的进项税可以全部抵扣。

一、判定如何抵扣的原则

判定纳税义务，包括判定甲公司能否抵扣委托开发的进项税，一般按照如下三个原则，逐层分析：

按税法规定分析；

按税法原理分析；

按税法精神分析。

税收法规是判定纳税义务的唯一标准。甲公司的情况只要符合增值税抵扣进项税的规定，不符合限制抵扣、按比例抵扣的规定，就可以全部抵扣。

如果按照既有的税法规定无法判定如何处理，就结合有关规定背后的原理分析，结合税收的基本原理分析，在尊重税法基本原理的基础上，确定如何处理。

如果还难以下结论，就结合有关文件的精神。有关文件的精神，实际上是文件的目的，想要达到的目标。文件的精神一般就在文件正文的第一段，开宗明义地说明下发本文的目的。比如2018年下发的《关于个人转让全国中小企业股份转让系统挂牌公司股票有关个人所得税政策的通知》（财税［2018］137号）就在第一段规定："为促进全国中小企业股份转让系统（以下简称新三板）长期稳定发展，现就个人转让新三板挂牌公司股票有关个人所得税政策通知如下……"

几乎所有的涉税问题，如果基于税收法规、税法原理、文件精神三个层次逐级分析，一般均可以得出站得住脚的结论。绝大多数涉税问题，根据税收法规就可以得出结论。

二、关于抵扣的规定

《财政部、国家税务总局关于全面推开营业税改征增值税试点的通知》（财税［2016］36号，以下简称36号文）关于进项税抵扣的规定比较复杂，但是非常科学严谨。

（一）关于抵扣的五种情况

36号文关于进项税的抵扣，实际上分为以下五种情况：

1. 可以抵扣

不受限制，可以直接、全部抵扣。

2. 不可以抵扣

永远不能抵扣进项税，比如用于免税项目的进项。

3. 可以按比例抵扣

既用于应税项目，又用于免税或简易征收项目，如果无法区分多少可以抵扣，按照收入比例计算不得抵扣的进项。

4. 现在不可以抵扣，以后可以抵扣

比如购进的固定资产，现在用于简易计税，不得抵扣，但以后也同时用于应税项目,则又可以抵扣部分进项。

5. 现在可以抵扣,以后不可以抵扣

如果购进的固定资产,现在用于应税项目,抵扣了进项税,但是以后又专门用于简易征收或免税项目,又需要计算应转出的进项税。

与甲公司委托开发有关的抵扣规定,是上述1、2、3种情况。

(二)与委托开发有关的三种抵扣规定

与委托开发有关的三项规定,是分析甲公司如何抵扣进项税的法规基础。

1. 可以抵扣

36号文第25条对可以抵扣的进项税,作了原则性的规定,包括以下几种情况:

(1)从销售方取得的增值税专用发票(含税控机动车销售统一发票,下同)上注明的增值税额。

(2)从海关取得的海关进口增值税专用缴款书上注明的增值税额。

(3)购进农产品,……(不再赘述)。

(4)从境外单位或者个人购进……(不再赘述)。

2. 不可以抵扣

36号文第27条规定了不得抵扣进项税的七种情况,与委托开发有关的是第一项规定:

(1)用于简易计税方法计税项目、免征增值税项目、集体福利或者个人消费的购进货物、加工修理修配劳务、服务、无形资产和不动产。其中涉及的固定资产、无形资产、不动产,仅指专用于上述项目的固定资产、无形资产(不包括其他权益性无形资产)、不动产。

其他六项规定在此不再赘述。

3. 按比例抵扣

36号文第29条规定,适用一般计税方法的纳税人,兼营简易计税方法计税项目、免征增值税项目而无法划分不得抵扣的进项税额，按照下列公式计算不得抵扣的进项税额：

不得抵扣的进项税额＝当期无法划分的全部进项税额×（当期简易计税方法计税项目销售额＋免征增值税项目销售额）÷当期全部销售额

主管税务机关可以按照上述公式依据年度数据对不得抵扣的进项税额进行清算。

三、如何抵扣进项税？

甲公司委托开发软件支付的服务费，到底是可以全部抵扣还是按照比例抵扣有关的进项税？

（一）服务费与无形资产的矛盾

根据不得抵扣的规定，购进的固定资产、无形资产、不动产专用于免税项目和简易征收时，才不得抵扣进项税；如果混用，就可以抵扣全部进项税。

甲公司名义上支付的是服务费，但是实际取得的是无形资产，会计上按照无形资产核算，对方服务的成果实际也是一项无形资产。如果购进的是无形资产，则混用抵扣进项税没有问题，支付服务费与取得无形资产的矛盾，导致对能否全部抵扣进项税产生疑问。

（二）服务与使用的矛盾

根据第27条的规定，用于免税或简易的服务，不得抵扣进项税；如果分不清楚多少不能抵扣，再按照29条，用收入比例划分不得抵扣的进项税。

甲公司支付服务费后，服务实际上已经完成，已经终止，而实际发挥作用的是作为服务成果的无形资产。不是服务直接用于免税项目或应税项目，而是服务形成的无形资产，多年使用、分期摊销，在使用时,既用于免税项目,又用于应税项目。服务与使用的矛盾,导致如果按照比例抵扣进项税,甲公司有点冤枉。

(三)进项税可以全部抵扣

根据有关规定和甲公司的情况,笔者认为甲公司支付服务费的进项税可以全部抵扣。理由如下:

1. 没有突破第 29 条的红线

根据第 29 条规定,购进的服务,既用于应税项目,也用于免税或简易项目,分不清楚多少进项可以抵扣,才按照收入比例划分不得抵扣的进项税。但是甲公司购进的是作为服务成果的软件,与第 29 条规定的需要划分进项税的服务不是一回事。税务局是公权部门,法无授权则不可为,直接套用第 29 条规定,缺乏事实依据。

2. 购进的服务成果是无形资产

甲公司有关支出尽管以服务费的名义发生,但是购进的成果实际是无形资产,业务实质是购进了无形资产。好比增值税的加工服务,尽管支付的是加工费,但是获得的是货物,甚至是固定资产。混用的无形资产可以抵扣全部进项税。

3. 按照比例划分无法操作

混用的固定资产和无形资产之所以可以抵扣全部进项税,不再按照收入比例划分不得抵扣的进项税,其原因在于这些资产使用时间一般超过一年,难以在不同的实际使用年度,根据不同收入比例计算不得抵扣的进项税。主管税务机关难以按照第 29 条的规定,"按照上述公式依据年度数据对不得抵扣的进项税额进行清算。"

企业所得税

5. 税前扣除凭证与所得税风险防控

对广大纳税人而言，现行税制体系18个税种里，最复杂的是企业所得税；就企业所得税而言，最复杂的是应纳税所得的计算；应纳税所得的计算，最复杂的是扣除；扣除时，风险最大的是扣除凭证。《关于发布〈企业所得税税前扣除凭证管理办法〉的公告》(国家税务总局公告2018年第28号，以下简称28号公告)，对与支出税前扣除凭证有关的问题，作了具体规定。尽管28号公告自2018年7月1日起施行，但全面、准确把握28号公告的规定，不但有助于控制以后年度的所得税风险，也有助于消除以前年度的所得税风险。

本文结合28号公告及企业所得税、增值税等的有关规定，分析如下问题：

一、企业所得税法关于税前扣除的一般规定

二、税前扣除凭证及"三性要求"

三、境内支出的税前扣除凭证

四、境外支出的税前扣除凭证

五、分割单可以作为税前扣除凭证

六、不得作为税前扣除凭证的凭证

七、取得凭证的时间要求

八、汇缴结束后补开凭证的时间

九、取得以往年度凭证可追补扣除

十、完善凭证管理，控制扣除风险

一、企业所得税法关于税前扣除的一般规定

28号公告是对税法及其实施条例有关规定的具体化，了解税法关于扣除的有关规定，有助于理解28号公告。

《企业所得税法》第8条规定："企业实际发生的与取得收入有关的、合理的支出，包括成本、费用、税金、损失和其他支出，准予在计算应纳税所得额时扣除。"

《企业所得税法实施条例》第27条规定："企业所得税法第八条所称有关的支出，是指与取得收入直接相关的支出。企业所得税法第八条所称合理的支出，是指符合生产经营活动常规，应当计入当期损益或者有关资产成本的必要和正常的支出。"

上述规定，指出了税前扣除的要求：一是实际发生；二是直接相关；三是符合商业常规。

28号公告的规定，是对有关支出如何税前扣除的细化。

二、税前扣除凭证及"三性要求"

按照28号公告的规定，有关支出如果想在税前扣除，必须提供有效凭证。有效凭证必须满足"合法性、真实性、关联性"要求。

（一）税前扣除凭证定义

根据28号公告，税前扣除凭证是指："企业在计算企业所得税应纳税所得额时，证明与取得收入有关的、合理的支出实际发生，并据以税前扣除的各类凭证。"

从定义可以看出，税前扣除凭证不仅仅是发票。

（二）税前扣除凭证分类

税前扣除凭证按照来源，可分为内部凭证和外部凭证。

1. 内部凭证

内部凭证是指企业自制用于成本、费用、损失和其他支出核算

的会计原始凭证。内部凭证的填制和使用应当符合国家会计法律、法规等相关规定。

2. 外部凭证

外部凭证是指企业发生经营活动和其他事项时，从其他单位、个人取得的用于证明其支出发生的凭证，包括但不限于发票（包括纸质发票和电子发票）、财政票据、完税凭证、收款凭证、分割单等。

（三）税前扣除凭证的凭证

发票等税前扣除凭证，需要其他凭证的支持，如合同协议、支出依据、付款凭证等。企业也需要将这些间接凭证留存备查，以证实税前扣除凭证的真实性。

（四）凭证要满足"三性要求"

税前扣除凭证只有证明有关支出满足"三性要求"，即真实性、合法性、关联性，才可以税前扣除。

"真实性"是指：税前扣除凭证反映的经济业务真实，且支出已经实际发生。

"合法性"是指：税前扣除凭证的形式、来源符合国家法律、法规等相关规定。

"关联性"是指：税前扣除凭证与其反映的支出相关联且有证明力。

三、境内支出的税前扣除凭证

境内支出，根据对方收入的性质、对方的纳税人身份等，分别规定不同的凭证。

（一）支出属于增值税应税项目的凭证

纳税人的支出，如果是对方的增值税应税收入，根据对方是否办理税务登记，规定了不同的凭证。

1. 对方办理了税务登记

如果收款方是已办理税务登记的增值税纳税人，支出应以发票（包括按照规定由税务机关代开的发票）作为税前扣除凭证。

2. 对方没有办理税务登记

没有办理税务登记，一般是企事业单位或小额零星经营业务的个人，其支出以税务机关代开的发票或者收款凭证及内部凭证作为税前扣除凭证。收款凭证应载明收款单位名称、个人姓名及身份证号、支出项目、收款金额等相关信息。

小额零星经营业务的判断标准是，个人从事应税项目经营业务的销售额不超过增值税相关政策规定的起征点。

税务总局对应税项目开具发票另有规定的，以规定的发票或者票据作为税前扣除凭证。

（二）支出不属于增值税应税项目的凭证

企业在境内发生的支出，如果对方的收入不属于增值税应税收入，对方为单位的，以对方开具的发票以外的其他外部凭证作为税前扣除凭证。但如果按照总局规定可以开具发票的，也可以用发票作为扣除凭证。

对方为个人的，以内部凭证作为税前扣除凭证。

四、境外支出的税前扣除凭证

企业从境外购进货物或者劳务发生的支出，以对方开具的发票或者具有发票性质的收款凭证、相关税费缴纳凭证作为税前扣除凭证。

比如向境外支付特许权使用费，需要扣缴外方的增值税和企业所得税，有关的完税凭证，就可以作为税前扣除凭证之一。

五、分割单可以作为税前扣除凭证

共同支出可以凭借分割单作为扣除凭证,但是不同的支出有不同的分割单要求。

(一)应税劳务支出分割单

企业与他人在境内共同接受应纳增值税应税劳务发生的支出,采取分摊方式的,应当按照独立交易原则进行分摊,企业以发票和分割单作为税前扣除凭证。

共同接受应税劳务的其他企业,以企业开具的分割单作为税前扣除凭证。

(二)非应税劳务支出分割单

企业与其他企业、个人在境内共同接受非应税劳务发生的支出,采取分摊方式的,企业以发票外的其他外部凭证和分割单作为税前扣除凭证。

共同接受非应税劳务的其他企业,以企业开具的分割单作为税前扣除凭证。

(三)租房共同支出分割单

企业租用办公、生产用房等资产发生的水、电、燃气、冷气、暖气、通讯线路、有线电视、网络等费用,出租方作为应税项目开具发票的,企业以发票作为税前扣除凭证。

出租方采取分摊方式的,企业以出租方开具的其他外部凭证作为税前扣除凭证。

六、不得作为税前扣除凭证的凭证

以上的规定,是从正面规定可以税前扣除的凭证,28号公告也从反面明确了不得作为税前扣除凭证的凭证。包括两类:不合规发票、不合规其他外部凭证。

不合规发票是指，企业取得私自印制、伪造、变造、作废、开票方非法取得、虚开、填写不规范等不符合规定的发票。

不合规其他外部凭证是指，不符合国家法律、法规等相关规定的其他外部凭证。

七、取得凭证的时间要求

企业所得税是年度纳税，凭证在税前扣除的有效性也有时间要求。

（一）汇缴结束前取得凭证

企业应在当年度企业所得税法规定的汇算清缴期结束前，取得税前扣除凭证。

（二）汇缴结束前换开凭证

企业应当取得而未取得有效凭证，或者取得不合规凭证的，若支出真实且已实际发生，应当在当年度汇算清缴期结束前，要求对方补开、换开发票、其他外部凭证。

补开、换开后的发票、其他外部凭证符合规定的，可以作为税前扣除凭证。

（三）无法换开凭证的补救措施

如因对方注销、撤销、依法被吊销营业执照、被税务机关认定为非正常户等特殊原因无法补开、换开凭证的，可凭以下资料证实支出真实性后，其支出允许税前扣除：

1. 无法补开、换开的证明资料（包括工商注销、机构撤销、列入非正常经营户、破产公告等证明资料）；

2. 相关业务活动的合同或者协议；

3. 采用非现金方式支付的付款凭证；

4. 货物运输的证明资料；

5. 货物入库、出库内部凭证；

6. 企业会计核算记录以及其他资料。

第 1 项至第 3 项为必备资料。

八、汇缴结束后补开凭证的时间

尽管应该在汇缴结束前取得凭证，但 28 号公告同时规定，如果被税局发现没有凭证，还有 60 天补救的时间。

汇算清缴期结束后，税务机关发现企业没有取得合规凭证，并且告知企业的，企业应当自被告知之日起 60 日内补开、换开符合规定的发票、其他外部凭证。

其中，因对方特殊原因无法补开、换开有效凭证，企业应当自被告知之日起 60 日内，提供可以证实其支出真实性的相关资料。

企业在规定的期限未能补开、换开符合规定的发票、其他外部凭证，并且未能按照规定提供相关资料证实其支出真实性的，相应支出不得在发生年度税前扣除。

上述规定，其实是给了纳税人一个补救的机会。

九、取得以往年度凭证可追补扣除

企业以前年度没有取得有效凭证，相应支出在该年度没有税前扣除的，如果在以后年度取得符合规定的发票、其他外部凭证或者可以证实其支出真实性的相关资料，相应支出可以追补至该支出发生年度税前扣除，但追补年限不得超过五年。

在实际操作中，如果追补到以前年度，需要退税，在当年扣除也不减少国家总的税收收入，纳税人没有占国家便宜，也可以在当年扣除。

十、完善凭证管理，控制扣除风险

税前扣除直接影响企业的所得税风险和所得税负担，应按照 28

号公告的规定，依法处理涉税凭证，控制所得税风险。

（一）对方是企业，必须取得发票

根据 28 号公告，如果对方是办理了税务登记的企业，取得的又是增值税应税收入，必须开具发票，这样支付方才可以税前扣除。

向银行、非银行金融机构支付贷款利息的债务人，今后应要求对方开具正规发票。对方开具发票，尽管增加点麻烦，但是并没有增加其纳税义务。

（二）发票、合同等形成证据链

企业的经营活动涉及很多环节、很多方面，企业经营活动的真实性、合法性，也可以从许多方面证明。

发票等凭证可以称为直接凭证，合同等凭证可以称为间接凭证。间接凭证、直接凭证形成一个证据链，可以有效控制税前扣除风险。

（三）完善税前扣除凭证内部管理制度

税务风险管理是企业风险管理的重要内容，所得税风险管理是税务风险管理的重点，税前扣除凭证的管理又是所得税风险管理的重中之重。应结合企业风险管理，建立健全税前扣除凭证管理制度，通过制度建设，控制税前扣除风险。

个人所得税

6. 热点分析：个税计算、社保征管、创投基金

《个人所得税法》的修订，不但牵动着千万纳税人的税负，也关系到企业社保的问题，牵扯出合伙制形式的创投基金个人合伙人税率的问题。针对这些问题，本文基于新修订的《个人所得税法》、最新的有关法规和会议精神，分析如何看待和处理相关问题，尽量帮助读者既能正确认识问题，又不必过分恐慌。为便于理解，本文采取问答的方式，重点聚焦综合所得的个税，具体包括以下十个问题：

一、新个税法"最大变化"是什么？

二、如何认识"最大变化"的意义？

三、综合所得个税如何征收？

四、综合所得如何计算？

五、单位扣缴个税时，能否扣除专项附加？

六、2018年10月发9月份工资，能否扣除5000元？

七、新法对房产和股权转让交易有何影响？

八、通过筹划少纳个税，有何新的风险？

九、如果税局补征以往年度的社保怎么办？

十、如果税局追征创投基金以往年度个税怎么办？

一、新个税法"最大变化"是什么？

答：最大的变化可以概括为：综合征收，年度申报。

尽管媒体一直在热烈讨论5000元的扣除标准是高还是低，但是，对绝大多数纳税人而言，此次个税法最大、最本质的变化，还是实现了综合征收、年度申报。

根据新的个税法，将工资薪金所得、劳务报酬所得、稿酬所得、特许权使用费所得等四项所得，作为综合所得，按纳税年度合并计算个人所得税。

二、如何认识"最大变化"的意义？

答：从个人所得税法改革的角度看，这一变化，完成了多年想做而一直没有做的事。将个人所得税由分类征收改成分类与综合相结合征收，是十几年前就提出的改革目标，这次终于走出了一步，为以后走向全面综合征收，走向家庭申报，奠定了基础。

从纳税人的角度看，有利的一方面是，有助于综合扣除，有助于在全面考虑生活成本的基础上扩大扣除的范围、满足扣除的需要。这次新增加的教育、住房、大病、赡养老人等附加扣除，也许与综合征收有一定的关系。不利的一方面是，扣除的项目增加，纳税遵从的要求也会提高，遵从成本也许会增加。但总的来说，肯定利大于弊。

三、综合所得个税如何征收？

答：尽管还要等具体的操作办法，但是个税法给出了综合所得如何征收的方式,根据《个人所得税法》第11条的规定,可以概括为：

按年计算、按月扣缴、汇算清缴。

综合所得的纳税期限，与企业所得税一样，原则上是一年计算一次，按年计算个人所得税。

按月扣缴，有扣缴义务人的，由扣缴义务人按月扣缴，比如工资薪金。不是每个月都固定有的，比如劳务报酬、稿酬等，可以按次扣缴。

汇算清缴，因为是年度纳税，按月扣缴了，需要在年度结束后，在次年3月1日到6月30日内，确认总的收入，扣掉可以扣掉的项目后，计算总的所得，按照适用税率，计算总的应纳税额，多退少补。

所以，支付综合所得项目的单位还有扣缴义务。

四、综合所得如何计算？

答：根据《个人所得税法》第6条的规定，综合所得按照下列方法计算：

综合所得＝收入总额－6万元－专项扣除－专项附加扣除－其他扣除

收入总额包括工资薪金、劳务报酬、稿酬、特许权使用费。但是，劳务报酬所得、稿酬所得、特许权使用费所得，以收入减除20%的费用后的余额为收入额。稿酬所得的收入额，再减按70%计算。

6万元，是按照每月扣除5000元、一年按照12个月扣除计算出来的。

专项扣除，指按照国家规定的范围和标准缴纳的基本养老保险、基本医疗保险、失业保险等社会保险费和住房公积金等。

专项附加扣除，包括子女教育、继续教育、大病医疗、住房贷款利息或者住房租金、赡养老人等支出，具体范围、标准和实施步骤由国务院确定，并报全国人民代表大会常务委员会备案。

专项附加扣除到底能扣多少？得等财税部门制定具体办法，但新华社关于9月6日国务院常务会议的新闻稿中，有这样一句话：

"确保扣除后的应纳税收入起点明显高于5000元。"附加扣除总不能高于基本扣除吧？但要明显高于，能多扣个三两千，应该就不错了，期望值不应太高。

五、单位扣缴个税时，能否扣除专项附加？

答：实行综合征收后，支付单位仍负有扣缴义务。单位每月扣缴工资薪金的个税时，除扣除5000元和专项扣除外，能否再扣除专项附加？

可以的。

《个人所得税法》第11条第2款规定："居民个人向扣缴义务人提供专项附加扣除信息的，扣缴义务人按月预扣预缴税款时应当按照规定予以扣除，不得拒绝。"

六、2018年10月发9月份工资，能否扣除5000元？

答：应该可以。《关于2018年第四季度个人所得税减除费用和税率适用问题的通知》（财税［2018］98号）规定："对纳税人在2018年10月1日（含）后实际取得的工资、薪金所得，减除费用统一按照5000元/月执行，并按照本通知所附个人所得税税率表一计算应纳税额。"

98号文没有限制必须是与10月份的工作匹配的工资，才可以享受扣除5000元的待遇，因此，凡是在10月份发的工资，都可以扣除5000元，并按照新的税率计算个税。

七、新法对房产和股权转让交易有何影响？

答：依法纳税是成功交易的前提。

对个人而言，大额的所得往往来自转让房产或股权，应该按照财产转让所得和 20% 的税率，计算缴纳个税。如果不依法纳税，可能影响交易的顺利完成。

根据新《个人所得税法》第 15 条的规定，个人转让不动产或股权时，不动产登记机构和工商部门应查验完税凭证。也就是说，如果不缴税，没有完税证明，或没有税局出具的免税、不征税证明，不能办理过户手续，交易无法完成。

八、通过筹划少纳个税，有何新的风险？

答：有更大的风险，因为新法引入了一般反避税条款。

根据新《个人所得税法》第 8 条，纳税人如果通过关联交易少纳税款，控制的设在境外低税负国家或地区的企业不分配股息，或用其他没有商业理由的安排，导致少缴税款，税局可以按照合理方法进行纳税调整，补缴税款和利息。

但是，从企业所得税的有关规定看，对税局引用一般反避税条款对纳税人补税，有比较严格的限制，有关的案例也相对较少。

另外，有些筹划方案，尤其是基于地方政府招商引资制定税收优惠的方案，风险更低一些。

九、如果税局补征以往年度的社保怎么办？

答：社保转由税局征收，无论从哪个角度看都是对的。对国家而言，可以减少征收成本；对企业而言，可以降低遵从成本。但由于社保有点大锅饭的意味，多缴 100 元，领取的时候，多领取可能不到 50 元，所以，有些企业通过压低工资社保基数的方式少缴社保。社保由税局征收后，少缴社保的问题将暴露出来，以往年度少缴的社保也将被追征。已经有被追补的案例，导致不少人惴惴不安。

如果出现税局追征以往年度少缴社保的问题，可以基于新华社新闻稿关于9月6日国务院常务会议的精神，与税局沟通。新闻稿有这样的内容："针对企业担心社保费征收政策有变增加负担，会议明确在社保征收机构改革到位前，各地要一律保持现有征收政策不变，同时抓紧研究适当降低社保费率，确保总体上不增加企业负担。"根据会议精神，现有政策保持不变，税局不应追征以往的社保。以后的社保，即使由税局征收，也将因为政策的调整，整体负担保持不变。

十、如果税局追征创投基金以往年度个税怎么办？

答：合伙企业尽管是先分后税，但是不同的收入有不同的算法、不同的分法。合伙企业的股息所得，单独计算、单独分配，不与其他所得搅和在一起；个人合伙人分得的股息，继续按照股息所得适用20%的税率。但是合伙企业的其他所得，包括转让股权所得、咨询所得等，都要一起计算所得。计算方法基本比照企业所得税计算所得的规定，分给合伙人后，企业合伙人并入当年的所得，计算企业所得税；个人合伙人按照个体户生产经营所得，适用最高35%的税率。因此，税局对个人合伙人按照35%的税率征收个人所得税，是有法律依据的。

但是，许多地方为招商引资，一直允许或默认所有所得都按照20%纳税，甚至给予一定比例的返还，实际税负还低于20%。如果税局征税，一是解释有关的背景，争取税局的理解；二是继续引用新华社的新闻稿，新闻稿这样写道："对创投基金关心的合伙人缴纳个税的税率问题，会议也决定，保持地方已实施的创投基金税收支持政策稳定，抓紧完善进一步支持创投基金发展的税收政策。"也就是说，创投基金的个税政策也是保持不变，以后再说。

7. 个税法规解读之一：个人所得税专项附加扣除问答

《国务院关于印发个人所得税专项附加扣除暂行办法的通知》（国发〔2018〕41号）规定了专项附加扣除的具体规定。为了便于理解，本文以问答的形式，介绍、解读有关规定。

一、子女教育的扣除标准和方法

1. 子女哪类教育支出可以税前扣除？

子女教育包括两类：三岁至小学前的教育；学历教育。

学历教育包括：义务教育（小学、初中）、高中阶段教育（普通高中、中等职业、技工教育）、高等教育（专科、本科、硕士、博士）。

2. 子女在境外接受教育能否扣除？

可以扣除。但是需要留存录取通知书、留学签证等证明资料备查。

3. 子女的范围？

子女包括婚生子女、非婚生子女、继子女、养子女。作为监护人负责的未成年人。

4. 每个子女税前扣除的标准是多少？

每个子女每月定额扣除1000元。如果实际的学费不到1000元，也可以按照1000元扣除，因为是定额扣除。

如果有两个子女，每月扣除2000元，因为没有限制子女数量。

5. 子女教育支出由谁扣除？

可以由一方扣除100%，也可以由双方分别扣除50%。选择由谁扣除后，一年内不得变化。到底由谁扣除，根据双方收入水平测算后确定，不能一概而论。

6. 哪些子女教育支出不得扣除？

三岁之前的教育支出，不得扣除。

非学历教育不得扣除。学历教育一般指教育行政主管部门承认学历的教育。教育部门向税务部门提供或者协助核实有关学生学籍信息、在相关部门备案的境外教育机构资质信息。

二、继续教育的扣除标准和方法

1. 哪些继续教育支出可以扣除？

继续教育包括两类：学历继续教育、职业资格继续教育。

2. 学历继续教育支出可以扣除多少？

学历继续教育期间，每月定额扣除400元。同一学历，最多扣除48个月。如果某人本科毕业再读硕士，每月可以扣除400元，本科允许扣除的最长时间是4年，读硕士可以再扣除（最多）4年。如果硕士毕业再读博士，可以再扣除48个月，每月扣除400元。

3. 职业资格继续教育支出可以扣除多少？

在取得证书的当年，按照3600元定额扣除。与学历教育不同的是，职业资格继续教育没有时间限制。

4. 继续教育与子女教育扣除的衔接？

由于接受继续教育的人，也可能有子女身份，所以，可以选择由自己扣除，或由父母扣除。如果由父母扣除，可以选择由父母分别扣除50%，或者由一方扣除100%。

三、大病医疗的扣除标准和方法

1. 大病医疗的扣除条件和标准？

个人负担超过15000元的部分，在80000元的限额内，据实扣除。

也就是不到80000元，据实扣除；超过80000元，只扣除80000元。

2.如果有两个或多个家人生病，如何计算80000元？

纳税人本人及其配偶、子女的医疗支出，分别计算可以扣除的支出。也就是每个人的支出都分别扣掉15000元后，才可以计算作为大病支出的扣除。

3.大病医疗支出何时扣除？

与教育支出不同，大病医疗支出在年度汇算清缴时扣除。

4.大病医疗支出由谁扣除？

纳税人自己的支出，由本人或配偶扣除。未成年子女的医药费支出，由父母一方扣除，也就是由父亲或母亲扣除。

5.纳税人应留存哪些资料？

医疗服务收费及医保报销票据等资料。

四、住房贷款利息的扣除标准和方法

1.哪类房子的贷款利息可以扣除？

限于首套住房贷款利息支出。所谓首套住房贷款，是指享受首套住房贷款利率的住房贷款。

2.哪类贷款的利息支出可以扣除？

商业银行或住房公积金个人住房贷款。

3.谁的个人住房贷款？

纳税人本人或配偶单独或共同的住房贷款。

4.房子在哪里？

中国境内的房子。

5.可以扣除多少？

每月定额1000元。也就是说，如果利息不超过1000元，或高于1000元，都按照1000元扣除。

6. 什么时间扣除？

在实际发生贷款利息的年度，每月扣除。

7. 最长可以扣除多长时间？

扣除期限最长不超过 240 个月，也就是 20 年。

8. 利息由谁扣除？

夫妻双方约定，可以选择由其中一方扣除。

9. 如果双方婚前都有首套住房贷款，利息如何扣除？

两种方式：一是选择扣除一套住房的利息，全部由购买方扣除；二是双方分别扣除 500 元。选择方式后，一个纳税年度内不得变更。

10. 纳税人应保留何种凭证？

贷款合同、还款支出凭证等。

五、住房租金的扣除标准和方法

1. 什么样的住房租金可以扣除？

在主要工作的城市没有自有住房，发生的住房租金支出。如果配偶在纳税人工作的城市有住房，视同纳税人有住房。

2. 如何界定主要工作城市？

指纳税人任职或受雇的城市全部行政区域范围。没有任职或受雇单位的，为受理纳税人综合所得汇算清缴的税务机关所在城市。

3. 住房租金的扣除标准？

住房租金每月定额扣除。不同城市，不同标准。直辖市、省会城市、计划单列市，每月 1500 元；户籍人口超过 100 万的，每月 1100 元；户籍人口不超过 100 万的，每月 800 元。

4. 住房租金由谁扣除？

由签订住房租赁合同的承租人扣除。

5.住房租金和贷款利息能否同时扣除？

不能。住房租金和贷款利息不能同时享受专项附加扣除。有贷款利息支出，说明有住房了，不能再享受租金专项附加扣除。

6.纳税人应留存什么资料？

租赁合同、协议等资料。

六、赡养老人的扣除标准和方法

1.扣除标准与被赡养老人数量是否有关？

扣除标准与被赡养的老人数量无关，一位及以上老人，都是定额扣除。

2.被赡养的老人范围如何界定？

年满60岁的父母，以及子女均已去世的年满60岁的祖父母、外祖父母。赡养自己的岳父母，不在其列。

父母包括生父母、继父母、养父母。

3.赡养老人支出的扣除标准？

根据是否是独生子女，有不同的标准。

如果是独生子女，按照每月2000元的标准，定额扣除。

如果是非独生子女，与兄弟姐妹分摊2000元的标准，每人最多分摊1000元。分摊有三种方式：均摊、约定分摊、老人指定分摊。约定或指定，须签署分摊协议。

七、征收管理

1.当年扣除不完的，能否结转下一年度？

当年扣除不完的，不得结转以后年度扣除。

2.首次享受专项附加扣除，向谁提供何种资料？

纳税人应当将有关信息提交扣缴义务人或税务机关，扣缴义务人应将有关信息报送税务机关。信息如发生变化，及时报告扣缴义务人和税务机关。

有关信息包括：本人、配偶、子女、被赡养人的个人身份信息；税局要求的其他信息等。

3. 哪些部门向税局提交哪些信息？

公安部门提供户籍等信息；

卫生部门提供医学证明信息、独生子女信息；

民政部门、法院部门、外交部门的婚姻信息；

教育部门的学籍信息，有关部门备案的境外教育机构资质信息；

人力资源的技工学校学生信息，及执业资格继续教育信息；

住房部门的房屋租赁信息，住房公积金贷款信息；

自然资源部门不动产登记信息；

银行等的住房贷款还款信息；

医疗部门的个人负担药费信息。

八、如何筹划

税收筹划的空间在于差别的税收政策，尤其是优惠的税收政策。多样化的专项附加扣除，为筹划提供了比以往更大的空间。

纳税人在确定扣除的主体时，应基于目前及今后月份的收入情况，测算后确定。

九、注意事项

这次税制改革，其实也是一次征管改革，税局获得了比以往更大的征管权限，尤其是要求其他政府部门配合的权限。纳税人的各种信息，税局都可以掌握，纳税人的遵从风险加大，不应有侥幸心理。

8. 个税法规解读之二：个人所得税专项附加扣除范围、标准及申报操作

2018年国务院发布了《个人所得税专项附加扣除暂行办法》（国发〔2018〕41号，以下简称"暂行办法"），明确了六项专项附加扣除的范围和标准；国家税务总局相应出台了《关于发布〈个人所得税专项附加扣除操作办法（试行）〉的公告》（国家税务总局公告2018年60号，以下简称"操作办法"），进一步细化了纳税人为享受专项附加扣除应该办理的事宜等。本文对有关内容进行了梳理，主要包括以下内容：

一、专项附加扣除的具体内容

二、可以享受扣除的有关人员

三、专项附加扣除的适用环节

四、享受扣除应该报送的信息

五、扣除相关信息报送的方式

六、享受扣除的留存备查资料

七、各方责任和信用惩戒措施

一、专项附加扣除的具体内容

"暂行办法"中规定了六项专项附加扣除的具体范围和数额标准,"操作办法"中又进一步明确了纳税人可享受每一项附加扣除优惠的起止时间。

扣除项目	具体范围	数额标准	起始时间
子女教育支出	学前教育:年满3岁至小学入学前教育	每个子女:1000元/月	满3周岁当月至小学入学前一月
	学历教育:义务教育、高中阶段教育、高等教育		全日制学历教育入学的当月至结束的当月
继续教育支出	学历(学位)继续教育:中国境内	400元/月	入学的当月至结束的当月(≤48个月)
	职业资格继续教育	3600元(年)	取得相关证书的当年
大病医疗支出	个人负担累计超过15000元的医药费用支出	据实≤80000元/年	系统记录的费用实际支出的当年
住房贷款利息支出	首套住房贷款利息支出,不超过240个月,只能享受一次	1000元/月	合同约定开始还款的当月至全部归还或合同终止的当月(≤240个月)
住房租金支出	在主要工作城市没有自有住房而发生的住房租金支出	不同城市:1500元/月、1100元/月、或800元/月	合同(协议)约定租赁期开始的当月至结束的当月,提前终止合同的按实际租赁期
赡养老人支出	赡养年满60岁的一位及以上被赡养人的支出	独生子女:2000元/月 非独生子女:≤1000元/月	被赡养人年满60周岁的当月至赡养义务终止的年末

二、可以享受扣除的有关人员

纳税人发生的专项附加扣除,基本上都可以由纳税人本人在缴纳所得税前扣除。同时由于一些扣除项目的特性,部分项目也可以选择与该项扣除直接紧密相关的其他人员进行税前扣除,使得广大纳税人能充分享受到这一优惠政策。

扣除项目	纳税人	配偶（或子女另一方亲长）	父母	兄弟姐妹
子女教育支出	父母（即纳税人和子女另一方亲长）选定一方扣100%，或各扣50%	父母选定一方扣100%，或各扣50%		
继续教育支出	学历（学位）继续教育：本科及以下的，可选本人扣除		学历（学位）继续教育：本科及以下的，可选父母扣除	
	职业资格继续教育：本人扣除			
大病医疗支出（含未成年子女的医药费用）	纳税人支出：可选本人、配偶扣除	纳税人支出：可选本人、配偶扣除		
	未成年子女支出：选择父母一方扣除	未成年子女支出：选择父母一方扣除		
住房贷款利息支出	婚前房，夫妻选一方扣100%，或各扣50%	婚前房，夫妻选一方扣100%，或各扣50%		
	上述情况外，夫妻选一方扣除	上述情况外，夫妻选一方扣除		
住房租金支出	夫妻工作城市不同，本人（承租人）扣除			
	夫妻工作城市相同，一方（承租人）扣除	夫妻工作城市相同，一方（承租人）扣除		
赡养老人支出	独生子女，本人扣除			
	非独生子女，兄弟姐妹分摊			非独生子女，兄弟姐妹分摊

由上表可以看出，专项附加扣除中，只有继续教育项下的职业资格继续教育、夫妻主要工作城市不同时发生的租金支出，以及独

生子女的赡养老人支出这三项，不涉及选择或分摊，直接由本人扣除；其他项目，存在选择和分摊的情况。另外需要注意的是，子女教育和未成年子女的医药费，是在子女的父母之间选择或分摊扣除；大病医疗、住房贷款利息和住房租金支出是在夫妻配偶之间选择或分摊扣除，两者是有区别的。

三、专项附加扣除的适用环节

纳税人取得的综合所得的内容不同，其享受专项附加扣除的环节相应也有所区别。

1. 取得工资薪金的纳税人

六项扣除，其中五项纳税人可以选择享受环节，只有大病医疗支出只能在汇算清缴时进行扣除。

项目	工资薪金预扣预缴税款时	汇算清缴时
子女教育	可选	可选
继续教育	可选	可选
大病医疗		必须
住房贷款利息	可选	可选
住房租金	可选	可选
赡养老人	可选	可选

纳税人自符合条件开始，即可以向支付工资、薪金所得的扣缴义务人提供上述五项专项附加扣除的有关信息，由扣缴义务人在预扣预缴税款时，按规定办理扣除。

纳税人在扣缴义务人预扣预缴税款环节未享受或未足额享受专项附加扣除的，可以在当年内向支付工资、薪金的扣缴义务人申请在剩余月份发放工资、薪金时补充扣除，也可以在次年3月1日至6

月 30 日内，向汇缴地主管税务机关办理汇算清缴时申报扣除。

同时从两处以上取得工资、薪金所得，并由扣缴义务人办理上述专项附加扣除的，对同一专项附加扣除项目，一个纳税年度内，纳税人只能选择从其中一处扣除。

2. 取得其他综合所得的纳税人

纳税人未取得工资、薪金所得，仅取得劳务报酬所得、稿酬所得、特许权使用费所得需要享受专项附加扣除的，应当在次年 3 月 1 日至 6 月 30 日内，在办理汇算清缴时扣除。

四、享受扣除应该报送的信息

纳税人首次享受专项附加扣除，应当将相关信息提交扣缴义务人或者税务机关，扣缴义务人应及时将相关信息报送税务机关。专项附加扣除信息发生变化的，纳税人应当及时向扣缴义务人或者税务机关提供相关信息。

1. 向扣缴义务人报送

纳税人选择在扣缴义务人发放工资、薪金所得时享受专项附加扣除的，首次享受时应当填写并向扣缴义务人报送《个人所得税专项附加扣除信息表》（以下简称《扣除信息表》）。更换工作单位的纳税人，需要由新任职、受雇扣缴义务人办理专项附加扣除的，应当在新入职的当月，填写并向扣缴义务人报送《扣除信息表》。

纳税人次年需要由扣缴义务人继续办理专项附加扣除的，应当于每年 12 月份对次年享受专项附加扣除的内容进行确认，并报送至扣缴义务人。纳税人未及时确认的，扣缴义务人于次年 1 月起暂停扣除，待纳税人确认后再行办理专项附加扣除。

2. 向主管税务机关报送

扣缴义务人应当将纳税人报送的专项附加扣除信息，在次月办理扣缴申报时一并报送至主管税务机关。

纳税人选择在汇算清缴时享受专项附加扣除的，应当填写并向汇缴地主管税务机关报送《扣除信息表》。

3. 报送的信息内容

各项扣除须填报的信息具体如下：

项目	暂行办法	操作办法
子女教育	（一）公安部门有关户籍人口基本信息、户成员关系信息、出入境证件信息、相关出国人员信息、户籍人口死亡标识等信息；	应当填报配偶及子女的姓名、身份证件类型及号码、子女当前受教育阶段及起止时间、子女就读学校以及本人与配偶之间扣除分配比例等信息。
继续教育	（二）卫生健康部门有关出生医学证明信息、独生子女信息； （三）民政部门、外交部门、法院有关婚姻状况信息；	学历（学位）继续教育：应当填报教育起止时间、教育阶段等信息；职业资格继续教育：应当填报证书名称、证书编号、发证机关、发证（批准）时间等信息。
大病医疗	（四）教育部门有关学生学籍信息（包括学历继续教育学生学籍、考籍信息）、在相关部门备案的境外教育机构资质信息；	应当填报患者姓名、身份证件类型及号码、与纳税人关系、与基本医保相关的医药费用总金额、医保目录范围内个人负担的自付金额等信息。
住房贷款利息	（五）人力资源社会保障等部门有关技工院校学生学籍信息、技能人员职业资格继续教育信息、专业技术人员职业资格继续教育信息； （六）住房城乡建设部门有关房屋（含公租房）租赁信息、住房公积金管理机构有关住房公积金贷款还款支出信息； （七）自然资源部门有关不动产登记信息； （八）人民银行、金融监督管理部门有关住房商业贷款还款支出信息；	应当填报住房权属信息、住房坐落地址、贷款方式、贷款银行、贷款合同编号、贷款期限、首次还款日期等信息；纳税人有配偶的，填写配偶姓名、身份证件类型及号码。
住房租金		应当填报主要工作城市、租赁住房坐落地址、出租人姓名及身份证件类型和号码或者出租方单位名称及纳税人识别号（社会统一信用代码）、租赁起止时间等信息；纳税人有配偶的，填写配偶姓名、身份证件类型及号码。
赡养老人	（九）医疗保障部门有关在医疗保障信息系统记录的个人负担的医药费用信息； （十）国务院税务主管部门确定需要提供的其他涉税信息。	应当填报纳税人是否为独生子女、月扣除金额、被赡养人姓名及身份证件类型和号码、与纳税人关系；有共同赡养人的，需填报分摊方式、共同赡养人姓名及身份证件类型和号码等信息。

纳税人将需要享受的专项附加扣除项目信息填报至《扣除信息表》相应栏次。填报要素完整的，扣缴义务人或者主管税务机关应当受理；填报要素不完整的，扣缴义务人或者主管税务机关应当及时告知纳税人补正或重新填报。纳税人未补正或重新填报的，暂不办理相关专项附加扣除，待纳税人补正或重新填报后再行办理。

五、扣除相关信息报送的方式

纳税人可以通过远程办税端、电子或者纸质报表等方式，向扣缴义务人或者主管税务机关报送个人专项附加扣除信息。

报送方式	预扣预缴时报送	汇算清缴时报送
通过远程办税端报送	通过远程办税端选择扣缴义务人并报送信息的，扣缴义务人根据接收的扣除信息办理扣除。	通过远程办税端报送专项附加扣除信息。
通过填写电子或者纸质《扣除信息表》报送	将《扣除信息表》直接报送扣缴义务人的，扣缴义务人将相关信息导入或者录入扣缴端软件，并在次月办理扣缴申报时提交给主管税务机关。 《扣除信息表》应当一式两份，纳税人和扣缴义务人签字（章）后分别留存备查。	将《扣除信息表》（一式两份）报送给汇缴地主管税务机关。 报送电子《扣除信息表》的，主管税务机关受理打印，交由纳税人签字后，一份由纳税人留存备查，一份由税务机关留存。 报送纸质《扣除信息表》的，纳税人签字确认、主管税务机关受理签章后，一份退还纳税人留存备查，一份由税务机关留存。

六、享受扣除的留存备查资料

纳税人应当将《扣除信息表》及相关留存备查资料自法定汇算清缴期结束后保存五年。

纳税人报送给扣缴义务人的《扣除信息表》，扣缴义务人应当自预扣预缴年度的次年起留存五年。

具体留存备查资料如下：

项目	留存备查资料
子女教育	子女在境外接受教育的，应当留存境外学校录取通知书、留学签证等境外教育佐证资料。
继续教育	接受职业资格继续教育的，应当留存职业资格相关证书等资料。
大病医疗	大病患者医药服务收费及医保报销相关票据原件或复印件，或者医疗保障部门出具的纳税年度医药费用清单等资料。
住房贷款利息	住房贷款合同、贷款还款支出凭证等资料。
住房租金	住房租赁合同或协议等资料。
赡养老人	约定或指定分摊的书面分摊协议等资料。

税务机关核查时，纳税人无法提供留存备查资料，或者留存备查资料不能支持相关情况的，税务机关可以要求纳税人提供其他佐证；不能提供其他佐证材料，或者佐证材料仍不足以支持的，不得享受相关专项附加扣除。

七、各方责任和信用惩戒措施

1.纳税人与扣缴义务人的责任

纳税人对所提交的专项附加扣除信息的真实性、准确性、完整性负责。

纳税人向扣缴义务人提供专项附加扣除信息的，扣缴义务人应当及时按照规定、按照纳税人提供的信息计算办理扣缴申报，不得拒绝。

扣缴义务人应当为纳税人报送的专项附加扣除信息保密，不得擅自更改纳税人提供的相关信息。扣缴义务人发现纳税人提供的信息与实际情况不符，可以要求纳税人修改。纳税人拒绝修改的，扣缴义务人应当向主管税务机关报告,税务机关应当及时处理。

除纳税人另有要求外,扣缴义务人应当于年度终了后两个月内,向纳税人提供已办理的专项附加扣除项目及金额等信息。

2.信用惩戒措施

纳税人有下列情形之一的,主管税务机关应当责令其改正;情形严重的,应当纳入有关信用信息系统,并按照国家有关规定实施联合惩戒;涉及违反税收征管法等法律法规的,税务机关依法进行处理:

(一)报送虚假专项附加扣除信息;

(二)重复享受专项附加扣除;

(三)超范围或标准享受专项附加扣除;

(四)拒不提供留存备查资料;

(五)税务总局规定的其他情形。

9. 个税法规解读之三：单位如何计算应扣缴的个税

新《个人所得税法》实施后，单位仍负有扣缴个税的义务，正确计算应扣缴的个税，既是防控单位税务风险的需要，也是让员工充分享受改革红利的需要。本文结合《关于全面实施新个人所得税法若干征管衔接问题的公告》（国家税务总局公告2018年第56号，以下简称56号公告）、《关于发布〈个人所得税扣缴申报管理办法（试行）〉的公告》（国家税务总局公告2018年第61号，以下简称61号公告）的有关规定，介绍单位如何计算应扣缴的员工个税。

由于居民个人与非居民个人的工资薪金所得、劳务报酬所得、稿酬所得、特许权使用费所得的计算方法不同，因此，本文第二、三、四部分的内容，仅限于居民个人，非居民个人的上述所得在第五部分介绍。股息、利息等其他所得的计算方法相同，居民个人与非居民个人相同。本文包括以下问题：

一、个税的预扣预缴和扣缴

二、工资薪金如何计算预扣预缴的个税？

三、劳务报酬、稿酬、特许权使用费如何计算预扣预缴的个税？

四、综合所得的年度汇算清缴

五、单位向非居民个人支付综合所得时如何扣税？

六、利息等其他所得如何代扣代缴个税？

七、扣缴义务人的义务和权利

一、个税的预扣预缴和扣缴

不同所得的个税,扣缴的作用不一样,名称也不一样。

工资薪金、劳务报酬、稿酬、特许权使用费属于综合所得,年度纳税,所以,平时的扣缴是预扣预缴,一年结束后,可能需要汇算清缴。

利息、股息等所得,是按次或按月纳税,没有汇算清缴,所以,平时就是扣缴,不是预扣预缴。

二、工资薪金如何计算预扣预缴的个税?

对多数纳税人而言,工资薪金还是所得的大头。为避免纳税人在汇算清缴时补税或退税的麻烦,56号公告和61号公告对工资薪金采用"累计预扣法"计算预扣税款,并按月办理扣缴申报。累计预扣法的好处在于越到年底,缴纳的税款越逼近全年应纳税额;如果12月份的税额缴纳后,已经把全年的税款都缴了,纳税人就不用再汇算清缴了。

(一)"累计预扣法"的基本方法

"累计预扣法"分两步计算:

第一步:计算累计应纳税所得

累计预扣预缴应纳税所得额=累计收入-累计免税收入-累计减除费用-累计专项扣除-累计专项附加扣除-累计依法确定的其他扣除

所谓的"累计",是指截至扣缴义务发生的月份,纳税人在本单位自1月份(或入职的月份)到当前月份,累加计算的工资、薪金收入、免税收入、减除费用、专项扣除、专项附加扣除、其他扣除。对多数人而言,可能没有免税收入、其他扣除项目。

各项目具体含义,介绍如下:

累计免税收入，是纳税人当年截至本月份累加计算的免税收入。所谓免税收入，就是免征所得税的收入，比如稿酬所得减按收入的70%计算，稿酬收入的30%就是免税收入。

累计减除费用，按照5000元/月乘以纳税人当年截至本月在本单位的任职受雇月份数。

累计专项扣除，是指纳税人当年截至本月允许扣除的"三险一金"的累计金额。

累计专项附加扣除，是指纳税人当年截至本月，可以扣除的子女教育、赡养老人、住房贷款利息或住房租金、继续教育扣除的累计金额。需要特别指出的是，大病医疗由纳税人在年度汇算时办理，单位不用扣缴。

累计依法确定的其他扣除，是指截至当前月份，允许扣除的年金（企业年金、职业年金）、商业健康保险、税延养老保险等。

第二步：计算应预扣预缴税款

本期应预扣预缴税额=(累计预扣预缴应纳税所得额 × 预扣率－速算扣除数)－累计减免税额－累计已预扣预缴税额

居民个人工资、薪金所得预扣预缴税率表

级数	累计预扣预缴应纳税所得额	预扣率（%）	速算扣除数
1	不超过36000元的部分	3	0
2	超过36000元至144000元的部分	10	2520
3	超过144000元至300000元的部分	20	16920
4	超过300000元至420000元的部分	25	31920
5	超过420000元至660000元的部分	30	52920
6	超过660000元至960000元的部分	35	85920
7	超过960000元的部分	45	181920

如果本期预扣预缴税额出现负数怎么办？余额为负值时，暂不

退税。纳税年度终了后余额仍为负值时，由纳税人通过办理综合所得年度汇算清缴，税款多退少补。

（二）"累计预扣法"的举例说明

某人2019年1月工资薪金所得月收入40000元，个人负担三险一金6000元，每月专项附加扣除3000元，扣缴义务人在2019年1月支付工资薪金时，应预扣个人所得税多少元？

累计预扣预缴应纳税所得额 =40000-5000-6000-3000=26000元

查找个人所得税预扣率表，适用3%预扣率，速算扣除数为0。

1月应预扣预缴税额 =26000×3%=780元

假定2月份的情况与1月份相同，2月份如何计算应预扣预缴的个税？

1—2月累计预扣预缴应纳税所得额 =80000-10000-12000-6000=52000元

查找个人所得税预扣率表，适用10%预扣率，速算扣除数为2520元。

1—2月累计应预扣预缴税额 =52000×10%-2520=2680元

2月应预扣预缴税额 =2680-780=1900元

以后月份比照计算。

如果员工年度中间某个月份，比如2019年5月入职，其入职前的收入和纳税情况新公司不知道，怎么办？新公司只按入职后的时间，计算收入、扣除项目、应税所得。年度结束后，纳税人自己汇算清缴时，再计算全年的应纳税额。

三、劳务报酬、稿酬、特许权使用费如何计算预扣预缴的个税？

扣缴义务人向居民个人支付劳务报酬所得、稿酬所得、特许权使用费所得时，与工资薪金不同，不是累加计算，而是按次或者按月预扣预缴税款。劳务报酬所得、稿酬所得、特许权使用费所得属于一次性收入的，以取得该项收入为一次；属于同一项目连续性收入的，以一个月内取得的收入为一次。

具体计算也是分为两步：第一步计算应税所得，第二步计算应扣缴税额。

（一）应纳税所得的计算

预扣预缴应纳税所得 = 应税收入 - 扣除费用

稿酬的应税收入按照全部稿酬的70%计算。

扣除费用，预扣预缴税款时，每次收入不超过4000元的，减除费用按800元计算；每次收入4000元以上的，减除费用按收入的20%计算。

（二）应预扣预缴税额的计算

应预扣预缴税额的计算，劳务报酬与稿酬、特许权使用费的计算方法不同。

1. 劳务报酬

应预扣预缴税额 = 预扣预缴应纳税所得额 × 预扣率 - 速算扣除数

居民个人劳务报酬所得预扣预缴税率表

级数	预扣预缴应纳税所得额	预扣率（%）	速算扣除数
1	不超过20000元的	20	0
2	超过20000元至50000元的部分	30	2000
3	超过50000元的部分	40	7000

2. 稿酬、特许权使用

应预扣预缴税额 = 预扣预缴应纳税所得额 × 20%

四、综合所得的年度汇算清缴

工薪薪金所得、劳务报酬所得、稿酬所得、特许权使用费所得属于综合所得，年度纳税，如果预扣预缴的税额高于或少于应纳税额，应在次年的 3 月 1 日至 6 月 30 日办理汇算清缴，税款多退少补。

五、单位向非居民个人支付综合所得时如何扣税？

上面所介绍的预扣预缴方法及汇算清缴，都是针对居民个人的。如果单位向非居民个人支付工资薪金所得、劳务报酬所得、稿酬所得和特许权使用费所得时，如何代扣代缴个人所得税？

（一）扣缴方式

按月或者按次代扣代缴税款。

（二）应纳税所得的计算

非居民取得综合所得的不同类型，应纳税所得有不同的计算方式。

1. 工资薪金所得的计算

应纳税所得 = 每月收入额 − 5000 元

非居民的扣除非常单一，没有专项附加扣除。如果非居民在中国交了社保怎么办，是否允许扣除？从道理上可以，但目前不允许。

2. 劳务报酬、特许权使用费所得的计算

应纳税所得 = 全部收入 × （1−20%）

3. 稿酬所得的计算

应纳税所得 = 全部收入 × （1−30%） × （1−20%）

（三）应纳税额的计算

非居民个人工资薪金所得、劳务报酬所得、稿酬所得、特许权使用费所得的应纳税额，都按下面的公式计算：

应纳税额 = 应纳税所得额 × 税率 − 速算扣除数

非居民个人在一个纳税年度内税款扣缴方法保持不变；达到居

民个人条件时,应当告知扣缴义务人基础信息变化情况,年度终了后按照居民个人有关规定办理汇算清缴。

非居民个人工资薪金所得、劳务报酬所得、稿酬所得、特许权使用费所得税率表

级数	应纳税所得额	税率(%)	速算扣除数
1	不超过3000元的	3	0
2	超过3000元至12000元的部分	10	210
3	超过12000元至25000元的部分	20	1410
4	超过25000元至35000元的部分	25	2660
5	超过35000元至55000元的部分	30	4410
6	超过55000元至80000元的部分	35	7160
7	超过80000元的部分	45	15160

(四)享受协定待遇

纳税人需要享受税收协定待遇的,应当在取得应税所得时主动向扣缴义务人提出,并提交相关信息、资料;扣缴义务人代扣代缴税款时按照享受税收协定待遇有关办法办理。

六、利息等其他所得如何代扣代缴个税?

扣缴义务人支付利息、股息、红利所得,财产租赁所得,财产转让所得或者偶然所得时,应当依法按次或者按月代扣代缴税款。

财产租赁所得,以一个月内取得的收入为一次。

利息、股息、红利所得,以支付利息、股息、红利时取得的收入为一次。

偶然所得,以每次取得该项收入为一次。

七、扣缴义务人的义务和权利

个人所得税的征管,无论是对纳税人还是扣缴义务人,都有诸

多要求，既指出了路径，也划定了红线，如果违反，将受到不同程度的惩罚。

（一）扣缴义务人的定义

扣缴义务人，是指向个人支付所得的单位或者个人。也就是说，不管什么单位，只要向个人，无论是本单位员工还是非本单位员工，支付各类所得，都负有扣缴个税的义务。

（二）扣缴义务人的全员全额扣缴申报

扣缴义务人应当依法办理全员全额扣缴申报。

全员全额扣缴申报，是指扣缴义务人应当在代扣税款的次月15日内，向主管税务机关报送其支付所得的所有个人的有关信息、支付所得数额、扣除事项和数额、扣缴税款的具体数额和总额，以及其他相关涉税信息资料。

1. 如何理解"全员"？

"全员"是指单位支付所得的"所有个人的有关信息"。

扣缴义务人首次向纳税人支付所得时，应当按照纳税人提供的纳税人识别号等基础信息，填写《个人所得税基础信息表（A表）》，并于次月扣缴申报时向税务机关报送。如基础信息发生变化，在次月申报时，报送变化了的信息。

单位向个人支付的所得类型包括：工资、薪金所得；劳务报酬所得；稿酬所得；特许权使用费所得；利息、股息、红利所得；财产租赁所得；财产转让所得；偶然所得。

2. 如何理解"全额"？

"全额"是指与个人纳税义务有关的全部有关的数额信息。包括支付所得数额、扣除事项和数额、扣缴税款的具体数额和总额，以及其他相关涉税信息资料。这些信息分别填报在《个人所得税扣缴申报表》中。

扣缴义务人每月或者每次预扣、代扣的税款，应当在次月 15 日内缴入国库，并向税务机关报送《个人所得税扣缴申报表》。

（三）扣缴义务人提供扣缴信息

支付工资、薪金所得的扣缴义务人应当于年度终了后两个月内，向纳税人提供其个人所得和已扣缴税款等信息。纳税人年度中间需要提供上述信息的，扣缴义务人应当提供。

纳税人取得除工资、薪金所得以外的其他所得，扣缴义务人应当在扣缴税款后，及时向纳税人提供其个人所得和已扣缴税款等信息。

（四）扣缴义务人的报酬

扣缴义务人按照规定扣缴的税款，按年自税局取得2%的手续费。但不包括税务机关、司法机关等查补或者责令补扣的税款。

扣缴义务人领取的扣缴手续费可用于提升办税能力、奖励办税人员。

手续费是否有增值税和所得税纳税义务？这笔手续费实际上是履行替税局扣缴税款的义务而取得的收入，有增值税和企业所得税纳税义务。

10. 个税法规解读之四：个人所得税主要问题解答

为便于纳税人完整、准确、系统地掌握个人所得税的有关问题，本文根据《中华人民共和国个人所得税法》《中华人民共和国个人所得税法实施条例》的有关规定，结合《关于全面实施新个人所得税法若干征管衔接问题的公告》（总局公告2018年第56号）、《关于发布〈个人所得税专项附加扣除操作办法（试行）〉的公告》（总局公告2018年第60号）、《关于发布〈个人所得税扣缴申报管理办法（试行）〉的公告》（总局公告2018年第61号）、《关于个人所得税自行纳税申报有关问题的公告》（总局公告2018年第62号）的有关规定，介绍个人所得税的33个问题，其中政策问题21个，征管问题12个。问题目录如下：

政 策 篇

一、居民个人定义及其纳税义务

二、非居民个人定义及其纳税义务

三、无住所居民个人境外所得，什么情况下免税

四、无住所居民个人境内所得，什么情况下免税

五、如何确定来自境内的所得

六、应税所得包括哪九类

七、所得包括什么形式

八、哪些所得可以免征个税

九、综合所得的定义、计算、税率、税额

十、工资、薪金所得的定义、计算、预扣率、预扣额

十一、劳务报酬、稿酬、特许权使用费所得的定义、计算、预扣率、预扣额

十二、经营所得的定义、计算、税率、税额

十三、财产租赁所得的定义、计算、税率、税额

十四、财产转让所得的定义、计算、税率、税额

十五、利息股息红利所得的定义、计算、税率、税额

十六、偶然所得的定义、计算、税率、税额

十七、如何确定"每次"

十八、单位向非居民个人支付综合所得，如何扣税

十九、外币所得折算人民币，如何选择汇率

二十、捐赠如何自应纳税所得中扣除

二十一、境外所得在境外缴纳的税款，如何抵免

征 管 篇

二十二、税务局如何实施反避税措施

二十三、税务局有哪些信息共享的反避税措施

二十四、不同所得的纳税期限和申报时间

二十五、如何理解扣缴义务人的扣缴义务

二十六、什么情况下，纳税人必须办理纳税申报

二十七、什么情况下，纳税人取得综合所得要汇算清缴

二十八、经营所得如何纳税申报

二十九、扣缴义务人未扣缴税款如何纳税申报

三十、取得境外所得如何纳税申报

三十一、注销户籍如何纳税申报

三十二、非居民个人境内两处以上取得工资薪金如何申报

三十三、缴纳个税或将影响交易能否完成

政 策 篇

一、居民个人定义及其纳税义务

（一）居民个人标准

具备下列条件之一，为居民个人：

1. 在中国境内有住所

在境内有住所，是指因户籍、家庭、经济利益关系而在中国境内习惯性居住。

2. 住满 183 天

无住所但在一个纳税年度内在中国境内居住累计满 183 天。

（二）全球所得纳税义务

居民个人来自境内、境外的所得，都在中国缴纳个人所得税。

二、非居民个人定义及其纳税义务

（一）非居民个人标准

具备下列条件之一，为非居民个人：

1. 在中国境内无住所又不居住；或者
2. 无住所而一个纳税年度内在中国境内居住累计不满 183 天。

（二）境内所得纳税义务

非居民个人自中国境内取得的所得，在中国缴纳个人所得税。

三、无住所居民个人境外所得，什么情况下免税

尽管无住所但是在一年内居住满 183 天，就成为中国居民个人，但由于这种情况多是在境内工作的外籍个人，税法继续给予免税的优惠。

（一）优惠条件

1. 居住时间

在境内居住累计满 183 天的年度，连续不满 6 年。

某一年度，即使在境内居住满 183 天，但是只要该年度一次离境超过 30 天，上述条件的连续 6 年，就重新起算。

按照上述规定，某外籍个人，如果自 2019 年 1 月 1 日至 2023 年 12 月 31 日，连续 5 年天天在中国；第 6 年，即 2024 年的 1 月 1 日至 11 月 30 日在中国连续居住，但是 12 月的 31 天全部在境外，则自 2025 年起，重新计算 6 年。

2. 来源与支付

其所得来源于境外，且由境外单位或者个人支付。

（二）优惠待遇

有关所得，免征个税。

（三）政策效果

上述规定，使外籍个人即使成为中国的居民个人，但其来自境外且由境外支付的所得，免除在中国的纳税义务。

这有利于吸引外籍人员来中国工作。

四、无住所居民个人境内所得，什么情况下免税

无住所的个人，即使来自境内的所得，也可以免税。免税条件如下：

（一）居住天数

一个年度在中国境内居住累计不超过 90 天。

（二）支付与负担

由境外雇主支付，并且不是由该雇主在中国境内的机构、场所负担。

五、如何确定来自境内的所得

下列所得,不论支付地点是否在中国境内,均为来源于中国境内的所得:

(一)境内劳务所得

因任职、受雇、履约等在中国境内提供劳务取得的所得。

(二)境内财产所得

包括三种情况:

1. 财产出租所得

将财产出租给承租人在中国境内使用而取得的所得。

2. 财产转让所得

转让中国境内的不动产等财产或者在中国境内转让其他财产取得的所得。

3. 财产特许所得

许可各种特许权在中国境内使用而取得的所得。

(三)利股红所得

从中国境内企业、事业单位、其他组织以及居民个人取得的利息、股息、红利所得。

六、应税所得包括哪九类

下列九类应税所得,应当缴纳个人所得税:

(一)工资、薪金所得;

(二)劳务报酬所得;

(三)稿酬所得;

(四)特许权使用费所得;

(五)经营所得;

(六)利息、股息、红利所得;

（七）财产租赁所得；

（八）财产转让所得；

（九）偶然所得。

新税法取消了老法中的"其他所得"。工资薪金、劳务报酬、稿酬、特许权使用费四类所得，作为综合所得。

七、所得包括什么形式

（一）所得包括各种经济利益

个人所得的形式，包括现金、实物、有价证券和其他形式的经济利益。

（二）实物所得如何计算所得额

所得为实物的，按照凭证上注明的价格计算应纳税所得额；如果没有凭证或凭证价格偏低的，参照市场价格核定应纳税所得额。

（三）证券所得如何计算所得额

所得为有价证券的，根据票面价格和市场价格核定应纳税所得。

（四）其他所得如何计算所得额

所得为其他形式的经济利益的，参照市场价格核定应纳税所得。

八、哪些所得可以免征个税

任何税种都是征税与免税的统一。下列十项所得，免征个税：

（一）特定奖金

省级人民政府、国务院部委、解放军军以上单位及外国组织、国际组织颁发的教育、科学等方面的奖金。

（二）特定利息

持有中国财政部发行的债券、国务院批准发行的金融债券而取得的利息。

（三）特定补贴

按照国务院规定发给的政府特殊津贴、院士津贴。

（四）生活补助

福利费、抚恤费、救济金。福利费指按国家规定由单位提取的福利费或工会经费中支付的生活补助。救济金是指民政部门支付给个人的生活困难补助费。

（五）保险赔款

（六）军人退役

军人的转业费、复员费、退役金。

（七）离退休

按照国家统一规定发给干部、职工的安家费、退职费、基本养老金或者退休费、离休费、离休生活补助费。

（八）驻华使节

各国驻华使馆、领事馆的外交代表、领事官员和其他人员的所得。

（九）国际承诺

中国政府参加的国际公约、签订的协议中规定免税的所得。

（十）其他

国务院规定的其他免税所得。

九、综合所得的定义、计算、税率、税额

（一）所得定义

工资薪金、劳务报酬、稿酬、特许权使用费所得，属于综合所得。

（二）所得计算

综合所得应纳税所得额＝收入总额－6万元－专项扣除－专项附加扣除－依法确定的其他扣除

专项扣除，包括居民个人依法缴纳的基本养老保险、基本医疗

保险、失业保险、住房公积金等。

专项附加扣除，包括子女教育、继续教育、大病医疗、住房贷款利息或者住房租金、赡养老人等支出。

依法确定的其他扣除，包括个人依法缴付的企业年金、职业年金、个人购买的符合规定的商业健康保险、税收递延型商业养老保险等。

专项扣除、专项附加扣除和依法确定的其他扣除，以一个纳税年度的应纳税所得额为限额；一个年度扣除不完的，不得结转以后年度扣除。

（三）所得税率

综合所得，实行超额累进税率，分为7档税率，最低为3%，最高为45%。

综合所得税率表

级数	全年应纳税所得	税率（%）
1	不超过36000元的部分	3
2	超过36000元至144000元的部分	10
3	超过144000元至300000元的部分	20
4	超过300000元至420000元的部分	25
5	超过420000元至660000元的部分	30
6	超过660000元至960000元的部分	35
7	超过960000元的部分	45

（四）所得税额

应纳税额 = 应纳税所得 × 适用税率 − 速算扣除数

十、工资、薪金所得的定义、计算、预扣率、预扣额

工资薪金所得作为综合所得的组成部分，由于是年度纳税，实行由支付单位按月预扣预缴的办法。

（一）所得定义

因任职或受雇取得的各类所得，包括工资、薪金、奖金、年终加薪、劳动分红、津贴、补贴以及与任职和受雇有关的其他所得。

在一个单位任职或受雇，一般是以签订劳动合同、单位缴纳社保为标准。

（二）所得计算

根据总局公告 2018 年第 61 号的规定，单位支付工资薪金时，按照"累计预扣法"计算预扣税款。

累计预扣预缴应纳税所得 = 累计收入 - 累计免税收入 - 累计减除费用 - 累计专项扣除 - 累计专项附加扣除 - 累计依法确定的其他扣除

如果纳税人在两处以上取得工资、薪金，并由扣缴义务人扣减专项附加扣除，同一项专项附加扣除项目，只能选择一处所得扣除。

（三）预扣率

居民个人工资、薪金所得预扣预缴税率表

级数	累计预扣预缴应纳税所得额	预扣率（%）	速算扣除数
1	不超过 36000 元的部分	3	0
2	超过 36000 元至 144000 元的部分	10	2520
3	超过 144000 元至 300000 元的部分	20	16920
4	超过 300000 元至 420000 元的部分	25	31920
5	超过 420000 元至 660000 元的部分	30	52920
6	超过 660000 元至 960000 元的部分	35	85920
7	超过 960000 元的部分	45	181920

（四）预扣税额

本期应预扣预缴税额 =（累计预扣预缴应纳税所得额 × 预扣率 - 速算扣除数）- 累计减免税额 - 累计已预扣预缴税额

十一、劳务报酬、稿酬、特许权使用费所得的定义、计算、预扣率、预扣额

（一）劳务报酬所得定义

是指个人从事劳务取得的所得，包括设计、装潢、安装、制图等各种劳务的所得。

（二）稿酬所得定义

个人因其作品以图书、报刊等形式出版、发表而取得的所得。

（三）特许权使用费所得定义

个人提供专利权、商标权、著作权、非专利技术以及其他特许权取得的所得。提供著作权的使用权取得的所得，不包括稿酬所得。

（四）所得计算

预扣预缴应纳税所得 = 应税收入 - 扣除费用

稿酬的应税收入按照全部稿酬的70%计算。

扣除费用，预扣预缴税款时，每次收入不超过4000元的，减除费用按800元计算；每次收入4000元以上的，减除费用按收入的20%计算。

（五）预扣预缴税额

应预扣预缴的税额，劳务报酬与稿酬、特许权使用费的计算方法不同。

1. 劳务报酬

应预扣预缴税额 = 预扣预缴应纳税所得额 × 预扣率 - 速算扣除数

居民个人劳务报酬所得预扣预缴税率表

级数	预扣预缴应纳税所得额	预扣率（%）	速算扣除数
1	不超过20000元的	20	0
2	超过20000元至50000元的部分	30	2000
3	超过50000元的部分	40	7000

2. 稿酬、特许权使用费

应预扣预缴税额 = 预扣预缴应纳税所得额 × 20%

十二、经营所得的定义、计算、税率、税额

（一）所得定义

经营所得包括以下四种情况：

1. 个体户、投资人、合伙人的所得

个体工商户从事生产、经营活动取得的所得；个人独资企业投资人、合伙企业个人合伙人，来源于境内注册的个人独资企业、合伙企业生产、经营的所得。

2. 有偿服务所得

个人依法从事办学、医疗、咨询以及其他有偿服务活动取得的所得。

3. 承包承租经营所得

个人对企业、事业单位承包经营、承租经营以及转包、转租取得的所得。

4. 其他经营所得

个人从事其他生产、经营活动取得的所得。

经营所得与劳务报酬有何区别？劳务报酬一般是指个人给单位提供服务所取得的收入，所以单位支付劳务报酬时，预扣预缴所得税；而经营所得，没有人预扣预缴所得税，需要纳税人自己申报。

（二）所得计算

应纳税所得 = 收入总额 − 成本费用 − 损失

成本费用，是指生产、经营过程中发生的各项直接支出和分配计入成本的间接费用以及销售费用、管理费用、财务费用。

损失，是指生产经营中发生的固定资产和存货的盘亏、毁损、

报废损失、转让财产损失、坏账损失、不可抗力造成的损失及其他损失。

取得经营所得的个人，没有综合所得的，计算其每一纳税年度应纳税所得时，应当减除费用6万元、专项扣除、专项附加扣除以及依法确定的其他扣除。专项附加扣除在办理汇算清缴时减除。

（三）所得税率

经营所得全年的应纳税所得，实行超额累进税率，分为5级税率，最低5%，最高35%。具体如下：

经营所得税率表

级数	全年应纳税所得额	税率（%）
1	不超过30000元的部分	5
2	超过30000元至90000元的部分	10
3	超过90000元至300000元的部分	20
4	超过300000元至500000元的部分	30
5	超过500000元的部分	35

（四）所得税额

应纳所得税额 = 应纳税所得额 × 税率 − 速算扣除数

或者

应纳所得税额 = Σ 不同所得级距的所得 × 税率

比如某合伙企业个人合伙人，2020年自被投资的合伙企业分得投资收益125000元，则：

应纳所得税额 = 30000×5%+60000×10%+35000×20%

= 1500+6000+7000

= 14500元

十三、财产租赁所得的定义、计算、税率、税额

（一）所得定义

个人出租不动产、机器设备、车船以及其他财产取得的所得。

（二）所得计算

1. 每次收入不超过 4000 元

应纳税所得 = 收入 − 800

2. 每次收入超过 4000 元

应纳税所得 = 收入 × （1−20%）

（三）适用税率

适用比例税率，税率为 20%。

（四）税额计算

应纳所得税额 = 应纳税所得额 × 20%

十四、财产转让所得的定义、计算、税率、税额

（一）所得定义

个人转让有价证券、股权、合伙企业中的财产份额、不动产、机器设备、车船以及其他财产取得的所得。

（二）所得计算

应纳税所得 = 转让财产收入 − 财产原值 − 合理费用

1. 财产原值的确认

不同财产，有不同的原值确认方法。

（1）有价证券

为买入价及买入时按照规定缴纳的有关费用。

（2）建筑物

为建造费或者购进价格以及其他有关费用。

（3）土地使用权

为取得土地使用权支付的金额、开发土地的费用以及其他有关费用。

（4）机器设备、车船

为购进价格、运输费、安装费以及其他有关费用。

（5）其他财产

参照上述方法，确定财产原值。

2. 合理费用

卖出财产时按照规定支付的有关税费。

（三）适用税率

财产转让所得，适用比例税率，税率为20%。

（四）税额计算

应纳税额 = 应纳税所得 × 20%

十五、利息股息红利所得的定义、计算、税率、税额

（一）所得定义

利息、股息、红利所得是指个人拥有债权、股权等而取得的利息、股息、红利所得。

（二）所得计算

以每次收入额为应纳税所得额，不扣除任何成本费用。

（三）适用税率

适用比例税率，税率为20%。

（四）税额计算

应纳税额 = 应纳税所得额 × 20%

十六、偶然所得的定义、计算、税率、税额

（一）所得定义

个人得奖、中奖、中彩以及其他偶然性质的所得。

（二）所得计算

以每次收入额为应纳税所得额。

（三）适用税率

适用比例税率，税率为20%。

（四）税额计算

应纳税额 = 应纳税所得额 × 20%

十七、如何确定"每次"

按次纳税的"次"，不同的所得分别按照以下方法确定：

1. 劳务报酬、稿酬、特许权使用费所得

这三类所得，属于一次性收入的，以取得该项收入为一次；属于同一项目连续性收入的，以一个月内取得的收入为一次。

2. 财产租赁所得

以一个月内取得的收入为一次。

3. 利息、股息、红利所得

以支付利息、股息、红利时取得的收入为一次。

4. 偶然所得

以每次取得该项收入为一次。

十八、单位向非居民个人支付综合所得，如何扣税

单位向非居民个人支付工资、薪金所得，劳务报酬所得，稿酬所得和特许权使用费所得时，如何代扣代缴个人所得税？

(一) 扣缴方式

按月或者按次代扣代缴税款。

(二) 所得计算

非居民取得综合所得的不同类型的应纳税所得额，有不同的计算方式。

1. 工资薪金所得

应纳税所得额 = 每月收入额 - 5000 元

非居民的扣除非常单一，没有专项附加扣除。如果非居民在中国交了社保怎么办，是否允许扣除？从道理上可以，但目前不允许。

2. 劳务报酬、特许权使用费所得

应纳税所得额 = 全部收入 × (1-20%)

3. 稿酬所得

应纳税所得额 = 全部收入 × (1-30%) × (1-20%)

(三) 税额计算

非居民个人工资、薪金所得，劳务报酬所得，稿酬所得，特许权使用费所得的应纳税额，都按下面的公式计算：

应纳税额 = 应纳税所得额 × 税率 - 速算扣除数

非居民个人工资薪金所得、劳务报酬所得、稿酬所得、特许权使用费所得税率表

级数	月应纳税所得额	税率（%）	速算扣除数
1	不超过 3000 元的	3	0
2	超过 3000 元至 12000 元的部分	10	210
3	超过 12000 元至 25000 元的部分	20	1410
4	超过 25000 元至 35000 元的部分	25	2660
5	超过 35000 元至 55000 元的部分	30	4410
6	超过 55000 元至 80000 元的部分	35	7160
7	超过 80000 元的部分	45	15160

（四）享受协定待遇

纳税人需要享受税收协定待遇的，应当在取得应税所得时主动向扣缴义务人提出，并提交相关信息、资料；扣缴义务人代扣代缴税款时按照享受税收协定待遇有关办法办理。

十九、外币所得折算人民币，如何选择汇率

在预缴或汇算时，适用不同时间的汇率。

（一）预缴的汇率选择

按照办理纳税申报或者扣缴申报的上月最后一日人民币汇率中间价，折算成人民币计算应纳税所得额。

（二）汇算清缴不重复折算

年度终了办理汇算清缴的，对已经按月、按季或者按次预缴税的人民币以外货币所得，不再重新折算。

（三）汇缴补税的汇率选择

对应当补缴税款的所得部分，按照上一纳税年度最后一日人民币汇率中间价，折合成人民币计算应纳税所得额。

二十、捐赠如何自应纳税所得中扣除

个人符合条件的捐赠，可以自应纳税所得中扣除，享受少缴税的优惠，从而可以起到鼓励捐赠的作用。

（一）什么样的捐赠可以扣除

个人将其所得，通过中国境内的公益性社会组织、国家机关向教育、扶贫、济困等公益慈善事业的捐赠。

个人直接向受赠对象的捐赠，不得扣除。

（二）捐赠额可以扣除多少

即使是可以扣除的捐赠，也不是所有捐赠金额都可以扣除。可

以扣除的捐赠额,以纳税人申报的扣除捐赠之前的应纳税所得额的30% 为限。

(三) 举例说明

某人 2019 年通过宋庆龄基金会向某学校捐赠人民币 30 万元。如果不考虑捐赠支出,其 2019 年综合所得为 80 万元。如果捐赠不能扣除,则其全年应纳个人所得税为:

应纳税额 = $36000 \times 3\% + 108000 \times 10\% + 156000 \times 20\% + 120000 \times 25\%$
$+ 240000 \times 30\% + 140000 \times 35\%$
= $1080 + 10800 + 31200 + 30000 + 72000 + 49000$
= 194080 元

捐赠的 30 万元,可以扣除多少?

$80 \times 30\% = 24$ 万元

可以扣除 24 万元,也就是应税所得变为 56 万元 (80-24)。

应纳税额 = $36000 \times 3\% + 108000 \times 10\% + 156000 \times 20\% + 120000$
$\times 25\% + 140000 \times 30\%$
= $1080 + 10800 + 31200 + 30000 + 42000$
= 115080 元

因捐赠税前扣除,缴纳的个人所得税下降了 79000 元。

二十一、境外所得在境外缴纳的税款,如何抵免

为了避免重复征税,居民个人来自境外的所得,在境外缴纳的个人所得税,可以抵免。具体包括以下几步:

(一) 确定已纳税额

纳税人境外所得在境外应该缴纳并且实际缴纳的税额,才可以抵免。

(二) 计算抵免限额

抵免限额是可以抵免的最高税额,即境外所得按照中国税法计

算的应纳税额。

（三）确定可抵税额

如果境外已缴税额低于抵免限额，可全部抵免，并且补缴实际抵免与抵免限额的差额。

（四）超过限额结转

超过抵免限额的部分，可以在以后来自该国抵免限额的余额中补扣，但最长不超过五年。

（五）提供完税凭证

申请抵免在境外缴纳的个人所得税，应提供境外税务机关提供的税款所属年度的有关纳税凭证。

（六）举例说明

某人2019年自境内取得工资薪金等综合所得80万元，自境外取得劳务报酬所得20万元，境外所得在境外缴纳个人所得税5万元、增值税1万元，此人2019年应纳个税多少元？

境内外所得共100万元，应纳个税：

应纳税额 $= 36000 \times 3\% + 108000 \times 10\% + 156000 \times 20\% + 120000 \times 25\%$
$\qquad + 240000 \times 30\% + 300000 \times 35\% + 40000 \times 45\%$
$\quad = 1080 + 10800 + 31200 + 30000 + 72000 + 105000 + 18000$
$\quad = 268080 \text{ 元}$

境外所得20万元，按照中国税法应纳税：

应纳税额 $= 36000 \times 3\% + 108000 \times 10\% + 56000 \times 20\%$
$\quad = 1080 + 10800 + 11200$
$\quad = 23080 \text{ 元}$

尽管在境外缴纳个税50000元、增值税10000元，但是只能抵免个税23080元。此人2019年应纳个税：

应纳税额 $= 268080 - 23080 = 245000 \text{ 元}$

征管篇

二十二、税务局如何实施反避税措施

增加反避税措施,是此次个税法修订的重要内容。

(一)税局在什么情况下可以反避税

有下列三种情况之一,税局可以按照合理方法调整纳税人应纳税所得。

1. 关联交易避税

个人与其关联方之间的业务往来不符合独立交易原则,导致减少本人或关联方的应纳税额,且无正当理由。

2. 受控外国企业避税

居民个人控制的,或者居民个人与居民企业共同控制的设在实际税负明显偏低的国家(地区)的企业,无合理经营需要,对应归属于居民个人的利润不分配或者少分配。

3. 其他不当获利的安排

个人实施其他不具有合理商业目的的安排而获取不当税收利益。

(二)补征税款,加收利息

税务局采取反避税措施调整所得,一般会补征税款。但是,反避税的补税,不是偷漏税的补税,没有滞纳金和罚款,不过要依法加收利息。

计算利息,需要有利率和时间。

1. 如何确定利率?

按照税款所属纳税申报期最后一日,中国人民银行公布的与补税期间相同的人民币贷款基准利率计算。

2. 如何确定计算利息的时间？

自税款纳税申报期满次日起至补缴税款期限届满之日止，按日加收。纳税人在补缴税款期限届满前补缴税款的，利息加收至补缴税款之日。

（三）举例说明

某人在 2019 年 6 月 15 日与购买方签署股权转让协议，7 月 15 日完成股权的工商登记变更，在 8 月 10 日申报缴纳税款。2019 年 12 月 1 日，税局认为交易价格偏低，且无正当理由，作出调增所得补税的决定，应补缴税款 15 万元，要求纳税人在 12 月 31 日前将税款补缴入库，纳税人在 12 月 15 日将该税款补缴入库。

加收利息的时间，从哪天开始计算？

自 8 月 16 日开始计算。因为纳税人应该在取得所得的次月 15 日内向税局申报税款，应自税款申报期满次日起计算。

加收利息的时间，到哪天为止？

到补缴税款的 12 月 15 日为止。

二十三、税务局有哪些信息共享的反避税措施

为了反避税，各有关的政府部门都要配合税局的征管，纳税人如果瞒报收入信息、虚报扣除信息，将面临巨大的风险。

公安、人民银行、金融监管部门将协助税局确认纳税人身份、金融账户信息。

教育、卫生、医疗保障、民政、人力资源社会保障、住房城乡建设、公安、人民银行、金融监管等部门向税局提供子女教育、继续教育、大病医疗、住房贷款利息、住房租金、赡养老人等专项附加扣除信息。

二十四、不同所得的纳税期限和申报时间

纳税期限，是指多长时间纳一次税。不同所得的纳税期限有不同的规定，分为按年纳税、按月纳税、按次纳税。

（一）综合所得

居民个人取得工资薪金所得、劳务报酬所得、稿酬所得、特许权使用费所得等综合所得，按年计算个人所得税。

有扣缴义务人的，由扣缴义务人按月或按次预扣预缴税款。

需要办理汇算清缴的，在次年3月1日至6月30日办理。

（二）经营所得

按年计算个人所得税，纳税人在月度或季度终了后15日内，向税局报送申报表，预缴税款。

在次年3月31日前，办理汇算清缴。

（三）其他所得

纳税人取得利息、股息、红利所得，财产租赁所得，财产转让所得和偶然所得，按月或按次计算个人所得税，由扣缴义务人按月或按次代扣代缴税款。

（四）申报期限

扣缴义务人每月或每次预扣、代扣的税款，在次月15日内缴入国库，并向税局报送扣缴个人所得税申报表。

纳税人的所得如没有扣缴义务人，应在取得所得次月15日内向税局申报纳税。

有扣缴义务人但扣缴义务人没有履行职责的，纳税人应在取得所得的次年6月30日前缴纳税款。如税局通知限期缴纳的，则按税局通知纳税。

二十五、如何理解扣缴义务人的扣缴义务

（一）谁是扣缴义务人

个人所得税以所得人为纳税人，以支付所得的单位或者个人为扣缴义务人。

中国公民纳税人，以身份证号为纳税识别号，应向扣缴义务人提供纳税识别号。

（二）扣缴义务人什么时候履行扣缴义务

扣缴义务人向个人支付应税款项时，才依法预扣预缴或代扣代缴。

（三）如何理解"支付应税款项"

支付包括现金支付，汇拨支付，转账支付，以有价证券、实物或其他形式的支付。

也就是实际支付对价时，就是支付了，就该扣缴个税。

（四）扣缴的税款何时入库

扣缴义务人每月或每次扣缴的税款，应在次月 15 日内缴入国库。

二十六、什么情况下，纳税人必须办理纳税申报

个人所得税一般是由支付单位预扣预缴或代扣代缴，但是有下列情形之一，纳税人应办理纳税申报：

1. 取得综合所得，需要办理汇算清缴；

2. 取得应税所得没有扣缴义务人；

3. 扣缴义务人没有扣缴税款；

4. 取得境外所得；

5. 因移居境外注销中国户籍；

6. 非居民个人在境内两处以上取得工资、薪金所得。

二十七、什么情况下，纳税人取得综合所得要汇算清缴

（一）需要办理汇算清缴的四种情况

纳税人如果需要补税或申请退税，一般需要办理汇算清缴。具体包括以下情况：

1. 两处以上取得综合所得

两处以上取得综合所得，且综合所得年收入额减除专项扣除的余额超过6万元。

2. 取得劳务报酬、稿酬、特许权使用费所得

取得一项或多项上述三项所得，且综合所得年收入额减除专项扣除的余额超过6万元。

3. 纳税年度内预缴税额低于应纳税额。

4. 纳税人申请退税。

（二）汇缴时间及报送资料

应当在次年的3月1日至6月30日内，向任职、受雇单位所在地主管税局办理纳税申报，并报送《个人所得税年度自行纳税申报表》。

二十八、经营所得如何纳税申报

（一）月度或季度预缴

纳税人取得经营所得，按年计算个人所得税，由纳税人在月度或季度终了后15日内，向税局办理预缴纳税申报，报送《个人所得税经营所得纳税申报表（A表）》。

（二）次年汇算清缴

在次年3月31日之前，向主管税局办理汇算清缴，并报送《个人所得税经营所得纳税申报表（B表）》。

从两处以上取得经营所得，选择向其中一处税局办理年度汇算，报送《个人所得税经营所得纳税申报表（C表）》。

二十九、扣缴义务人未扣缴税款如何纳税申报

（一）居民个人的综合所得

按照取得综合所得申报的规定办理。

（二）非居民个人取得综合所得

在取得所得的次年 6 月 30 日前，向扣缴义务人所在地主管税局办理纳税申报，并报送《个人所得税自行纳税申报表（A 表）》。

如果两个以上扣缴义务人均未扣缴税款，选择向其中一处办理申报。

在 6 月 30 日之前离境的，离境前办理纳税申报。

（三）其他所得

纳税人取得利息、股息、红利所得，财产租赁所得，财产转让所得和偶然所得的，应在次年 6 月 30 日前，向主管税局办理纳税申报，并报送《个人所得税自行纳税申报表（A 表）》。

三十、取得境外所得如何纳税申报

居民个人自境外取得所得，应在取得所得的次年 3 月 1 日至 6 月 30 日内，向境内任职受雇单位主管税局申报。

境内没有任职受雇单位，向户籍所在地或经常居住地申报。

三十一、注销户籍如何纳税申报

根据取得所得的不同情况，分别报送不同的资料。

（一）取得综合所得

注销户籍年度取得综合所得的，在注销前，办理当年综合所得汇算清缴，报送《个人所得税年度自行纳税申报表》。

（二）取得经营所得

注销年度取得经营所得，在注销前，办理经营所得汇算清缴，

报送《个人所得税经营所得纳税申报表（B 表）》；从两处以上取得所得，报送 C 表。

（三）取得其他所得

在注销户籍当年取得利息、股息、红利所得，财产租赁所得，财产转让所得和偶然所得的，应在注销前，申报当年上述所得的完税情况，并报送《个人所得税自行纳税申报表（A 表）》。

（四）存在未交少缴税款

纳税人有未交或少缴的税款，在注销户籍前，应结清欠缴或未缴的税款。

三十二、非居民个人境内两处以上取得工资薪金如何申报

非居民个人在中国境内从两处以上取得工资、薪金所得的，应当在取得所得的次月 15 日内，向其中一处税局办理纳税申报，并报送《个人所得税自行纳税申报表（A 表）》。

三十三、缴纳个税或将影响交易能否完成

个人转让不动产、转让股权，登记机关须查验完税凭证；如果没有完税凭证，过户登记或受影响。

11. 个税法规解读之五：全年一次性奖金等优惠政策如何衔接

新《个人所得税法》实施后，包括全年一次性奖金、股权激励等原个税优惠政策如何处理？这是纳税人非常关心的一个问题。财政部和税务总局《关于个人所得税法修改后有关优惠政策衔接问题的通知》（财税〔2018〕164号，以下简称164号文），对包括全年一次性奖金、中央企业负责人年度绩效薪金、股权激励等优惠政策如何衔接，作了明确的规定。本文结合164号文及有关文件，介绍有关规定，分析纳税人如何在测算的基础上，确定自己的选择。

本文包括以下问题：

一、沿袭惯例，三年过渡

二、全年一次性奖金、央企负责人绩效薪金

三、上市公司股权激励

四、保险营销员、证券经纪人

五、个人领取企业年金、职业年金

六、解除劳动关系、提前退休、内部退养一次性补偿

七、单位低价向职工售房

八、外籍个人津贴补贴

一、沿袭惯例，三年过渡

以前的个税优惠政策，多是针对工资薪金的。由于新《个人所得税法》将分类征收改成综合征收，将月度纳税改成年度纳税，导致原来优惠政策的基础都已经发生了变化，所以，对优惠政策进行调整在所难免。

但是从以往税制改革对优惠政策的处理看，多是给予一定的过渡期，有助于政策平稳过渡，有助于纳税人理解和接受。这次个税改革，也遵照了以前的例行做法。

164号文对有关个税的优惠政策，多数给予了三年的过渡期，也就是在2019年、2020年、2021年，纳税人可以选择按照原政策执行还是按照新税法执行；哪种方法税负低，就可选哪种。具体见下面的分析。

二、全年一次性奖金、央企负责人绩效薪金

（一）政策内容

按照164号文的规定，居民个人取得全年一次性奖金、中央企业负责人取得年度绩效薪金延期兑现收入和任期奖励，分别符合《国家税务总局关于调整个人取得全年一次性奖金等计算征收个人所得税方法问题的通知》（国税发〔2005〕9号，以下简称9号文）、《国家税务总局关于中央企业负责人年度绩效薪金延期兑现收入和任期奖励征收个人所得税问题的通知》（国税发〔2007〕118号，以下简称118号文）的规定，在过渡期内，可以选择将一次性奖金单算，或者与其他收入混算处理。

（二）政策过渡时间

2021年12月31日之前，可以选择奖金单算还是混算。

到期怎么办？164号文规定，自2022年1月1日起，居民个人

的全年一次性奖金，并入当年综合所得，计算缴纳个人所得税。央企负责人年度绩效薪金政策，到期后另行制定。

（三）可选方案一：单算

单算，是指取得的全年一次性奖金收入、央企负责人的年度绩效薪金兑现收入和任期奖励，不并入当年综合所得，而是按照以前的规定，单独计算应纳税额。计算过程分为三步：

1. 除所得

用全年一次性奖金收入，除以12个月，得到的数额作为月度所得额。

2. 找税率

按照计算出来的月度所得额和按月换算后的综合所得税率表（月度综合所得税率表），确定全部奖金收入的适用税率和速算扣除数。

3. 算税额

将全年奖金收入作为应税所得，根据找出来的税率和速算扣除数，计算应纳税额。

应纳税额 = 全年一次性奖金收入 × 适用税率 − 速算扣除数

（四）可选方案二：混算

由于现在的工资薪金属于综合所得的组成部分，按照年度纳税，所以纳税人也可以选择将全年一次性奖金收入并入当年综合所得，一并计算应纳税额。

（五）到底是单算还是混算？

到底是该单算还是混算，得算一算，没有统一答案。举例如下：

某人2019年每个月月工资薪金所得为40000元，个人负担三险一金6000元，每月专项附加扣除3000元，12月取得全年一次性奖金150000元。

个人所得税

1. 每月发工资被扣缴的总税额

年度应纳税所得

=（40000-5000-6000-3000）×12

=312000 元

应纳税额

=312000×25%-31920=46080 元

2. 全年一次性奖金应纳税额：单算

（1）除所得

150000/12=12500 元

（2）找税率

适用税率是 20%，速算扣除数 1410。

按月换算后的综合所得税率表

级数	全月应纳税所得额	税率（%）	速算扣除数
1	不超过 3000 元的	3	0
2	超过 3000 元至 12000 元的部分	10	210
3	超过 12000 元至 25000 元的部分	20	1410
4	超过 25000 元至 35000 元的部分	25	2660
5	超过 35000 元至 55000 元的部分	30	4410
6	超过 55000 元至 80000 元的部分	35	7160
7	超过 80000 元的部分	45	15160

（3）算税额

应纳税额=150000×20%-1410=28590 元

3. 总税额

46080+28590=74670 元

4. 全部所得混算的应纳税额

全年应纳税所得额

=312000+150000=462000 元

全年应纳税额
=462000×30%-52920=85680元

5.混算税额高于单算

在全部收入630000（40000×12+150000）元的情况下，混算的税额高于单算11010元。

年度综合所得税率表

级数	全年应纳税所得额	税率（%）	速算扣除数
1	不超过36000元的	3	0
2	超过36000元至144000元的部分	10	2520
3	超过144000元至300000元的部分	20	16920
4	超过300000元至420000元的部分	25	31920
5	超过420000元至660000元的部分	30	52920
6	超过660000元至960000元的部分	35	85920
7	超过960000元的部分	45	181920

（六）全年一次性奖金的"收入陷阱"及规避方式

需要特别注意的是，全年一次性奖金的计算方法，有可能导致"收入陷阱"，即多发100元，可能导致多缴税120元；发的多，可能缴的更多，导致税收收入更少。如何在不影响员工收入的情况下，避免这个问题？可分以下几步：

1.计算全年奖金的税额；

2.计算"收入陷阱"的临界点；

3.调整奖金发放方式。

如果出现"收入陷阱"，可把奖金分成两部分，大部分按照全年一次性奖金发放，其余小部分分别并入以后月度工资发放。

（七）全年一次性奖金政策其他注意事项

除"收入陷阱"外，根据9号文，还有以下注意事项：

1. 只能用一次

在一个纳税年度，一个纳税人一年只能用一次。

2. 其他奖金计入当月

全年一次性奖金之外的其他各种名目的奖金，如半年奖、季度奖等，一律与当月工资、薪金收入合并计算。

3. 当月所得低于 5000 元，补扣差额

根据 9 号文和现在的每月 5000 元基本费用扣除标准，如果取得全年一次性奖金的当月，工资薪金所得低于 5000 元，比如工资所得是 4000 元，则一次性奖金选择单算时，可以自一次性奖金收入中先减去 1000 元。具体公式是：

应纳税额＝（雇员当月取得全年一次性奖金－雇员当月工资薪金所得与费用扣除的差额）×适用税率－速算扣除数

三、上市公司股权激励

上市公司股权激励过渡政策，主要涉及以下四份文件：

《财政部国家税务总局关于个人股票期权所得征收个人所得税问题的通知》（财税［2005］35 号，以下简称 35 号文）；

《财政部国家税务总局关于股票增值权所得和限制性股票所得征收个人所得税有关问题的通知》（财税［2009］5 号，以下简称 5 号文）；

《财政部国家税务总局关于将国家自主创新示范区有关税收试点政策推广到全国范围实施的通知》（财税［2015］116 号，以下简称 116 号文）；

《财政部国家税务总局关于完善股权激励和技术入股有关所得税政策的通知》（财税［2016］101 号，以下简称 101 号文）。

上述文件某些条文已被废止，没有明确废止的条文继续执行。

（一）过渡政策内容

居民取得股票期权、股票增值权、限制性股票、股权奖励等股权激励，符合前述四份文件相关条件的，在 2021 年 12 月 31 日之前，不并入当年综合所得，全额单独适用综合所得税率表，计算应纳税额。

应纳税额 = 股权激励收入 × 适用税率 - 速算扣除数

如果一年内取得两次以上股权激励，合并计算。

如某人在 2019 年取得股权激励收入两次，按照有关文件的规定，合计为 253000 元，则股权激励收入应纳税额为：

应纳税额
= 253000 × 20% - 16920 = 33680 元

至于股权激励收入如何计算，递延纳税的优惠政策，在下面介绍。

（二）只能单算，不能混算

需要特别注意的是，股权激励收入只能单算，不能与其他所得混算。其原因也许在于股权激励没有"收入陷阱"的问题。

（三）税额计算方法改变了

需要注意的是，尽管允许单独计算，但是应纳税额的计算方法与以往大不一样。比如 35 号文第四条第一项关于股权期权所得应纳税额计算的规定就被废止了。被废止的公式是：

应纳税额 =（股票期权形式的工资薪金应纳税所得额 / 规定月份数 × 适用税率 - 速算扣除数）× 规定月份数

规定月份数，是指在境内工作的月份数；长于 12 个月的，按 12 个月计算。

适用税率和速算扣除数，按照全部所得除以规定月份数的商数确定。

上述分月计算再汇总的方法已被废止。

（四）各类"股权激励"所得有关概念及计算方法

尽管 164 号文件规定了税额的计算方法，但是所得怎么算？如何理解不同类型的股权激励？上述文件分别明确了不同股权激励所得有关概念的定义和计算方法。

1. 企业员工股票期权

是指上市公司按照规定的程序，授予本公司及其控股企业员工的一项权利，该权利允许被授权员工在未来时间内，以某一特定价格购买本公司一定数量的股票。

"某一特定价格"也称"授予价"或"施权价"，是指根据期权计划可以购买股票的价格，一般是股票期权授予日的市场价格或市场价的折扣价，也可以是按照事先设定的计算方法约定的价格。

"授予日"，也称"授权日"，是指公司授予员工上述权利的日期。

"行权"，也称"执行"，是指员工根据股票期权计划选择购买股票的过程。

"行权日"，也称"购买日"，是指员工行使上述权利的当日。

2. 股票增值权

是指上市公司授予公司员工在未来一定时期和约定条件下，获得规定数量的股票价格上升所带来收益的权利。

被授权人行权，上市公司按照行权日与授权日二级市场股票价差乘以授权股票数量，发放给被授权人现金。

3. 限制性股票

是指上市公司按照股权激励计划约定的条件，授予公司员工一定数量本公司的股票。

4. 股权奖励

是指企业无偿授予激励对象一定份额的股权或一定数量的股份。

5. 有关所得适用税目、何时征税、如何确定所得

个人取得的股票增值权所得、限制性股票所得、股权奖励，比照股票期权所得有关个人所得税的规定，计算缴纳个人所得税。

（1）属于"工资薪金所得"

股权激励所得属于和任职、受雇有关的所得，按"工资、薪金所得"计算纳税。

（2）期权何时纳税

员工实际行权时，才真正取得所得，才产生纳税义务。

（3）期权如何计算所得

因行权取得的工资薪金所得，是实际购买价（施权价）低于购买日公平市场价（该股票当日收盘价）的差额。计算公式是：

股票期权形式的工资薪金应纳税所得额 =（行权股票的每股市场价 - 员工取得该股票期权支付的每股施权价）× 股票数量

6. 行权前转让期权

在行权日之前，将股票期权转让的，以股票期权的转让净收入，作为工资薪金所得征收个税。

7. 行权后再转让或取得股息

行权后再转让，属于在二级市场转让股票，目前免征个税。因拥有股权取得股息，按照"利息、股息、红利所得"征收个税。

8. 股权激励的递延纳税

根据《财政部国家税务总局关于完善股权激励和技术入股有关所得税政策的通知》（财税〔2016〕101号，以下简称101号文），无论是对非上市公司还是上市公司的股权激励，都有递延纳税的优惠。

（1）非上市公司股权激励的递延纳税

非上市公司授予本公司员工的股票期权、股权期权、限制性股票和股权奖励，符合规定条件并向税局备案，可享受递延纳税，即员工在取得股权激励时可暂不纳税，递延至转让股权时纳税。

（2）上市公司股权激励的递延纳税

上市公司授予个人的股票期权、限制性股票和股权奖励，经向税局备案，个人可自股票期权行权、限制性股票解禁或取得股权奖励之日，在不超过 12 个月的期限内，缴纳个人所得税。

（五）股权激励的征收管理

征收管理，包括以下内容：

1. 扣缴义务

实施股票期权计划的境内企业为个人所得税的扣缴义务人。

2. 自行申报

员工从两处以上取得股权形式的工资薪金所得，没有扣缴义务人的，自行申报。

3. 报送资料

有关企业应在股票期权计划实施之前，将实施方案、期权协议书、授权通知书等资料报主管税局。

四、保险营销员、证券经纪人

164 号文直接明确了保险营销员、证券经纪人如何计算个人所得税，支付单位如何扣缴个人所得税。

（一）佣金收入所得类型

保险营销员、证券经纪人的佣金收入，属于劳务报酬所得。

（二）如何计算所得

以不含增值税的收入减除 20% 的费用后的余额为收入额，收入额减去展业成本以及附加税费后，并入当年综合所得。展业成本按照收入额的 25% 计算。

应纳税所得 = 不含税收入 × 80% − 不含税收入 × 80% × 25% − 附加税费

= （1−25%）× 不含税收入 × 80% − 附加税费

= 75% × 不含税收入 × 80% − 附加税费

= 不含税收入 × 60% − 附加税费

（三）单位如何扣缴个税

扣缴义务人向保险营销员、证券经纪人支付佣金时，按照《个人所得税扣缴申报管理办法（试行）》（国家税务总局公告2018年第61号）规定的累计预扣法计算预扣税款。

（四）单位扣缴个税举例

需要注意的是，支付单位扣缴劳务费的个税，一般是按次或按月扣缴，不是累计计算，但是，支付保险营销员、证券经纪人的佣金，是按照累计预扣法扣缴税款。

累计预扣预缴应纳税所得额 = 累计收入 − 累计免税收入 − 累计减除费用 − 累计专项扣除 − 累计专项附加扣除 − 累计依法确定的其他扣除

就保险营销员和证券经纪人的佣金而言，计算公式可以变化为：

累计预扣预缴应纳税所得额 = 累计不含税收入 × 60% − 累计附加税费 − 累计专项附加扣除 − 累计依法确定的其他扣除

本期应预扣预缴税额 =（累计预扣预缴应纳税所得额 × 预扣率 − 速算扣除数）− 累计减免税额 − 累计已预扣预缴税额

个人所得税预扣率表一

级数	累计预扣预缴应纳税所得额	预扣率（%）	速算扣除数
1	不超过36000元的部分	3	0
2	超过36000元至144000元的部分	10	2520
3	超过144000元至300000元的部分	20	16920
4	超过300000元至420000元的部分	25	31920
5	超过420000元至660000元的部分	30	52920
6	超过660000元至960000元的部分	35	85920
7	超过960000元的部分	45	181920

甲保险公司2019年1月向某营销员支付佣金25000元，2月份

支付佣金32960元,该营销员1月和2月专项附加扣除都是2000元。甲公司1月份和2月份应扣缴多少个税?

1. 1月份应扣缴个税

因为收入不到30000元,没有增值税纳税义务。

累计预扣预缴应纳税所得额 = 累计不含税收入 ×60% − 累计附加税费 − 累计专项附加扣除 − 累计依法确定的其他扣除

=25000×60%−2000=13000元

本期应预扣预缴税额 =(累计预扣预缴应纳税所得额 × 预扣率 − 速算扣除数) − 累计减免税额 − 累计已预扣预缴税额

=13000×3%=390元

2. 2月份应扣缴个税

2月份应纳增值税

=32960/(1+3%)×3%=960元

2月份应纳城建和教育附加

=960×12%=115.2元

累计预扣预缴应纳税所得额 = 累计不含税收入 ×60% − 累计附加税费 − 累计专项附加扣除 − 累计依法确定的其他扣除

=[25000+32960/(1+3%)]×60%−(960+115.2)−4000

=34200−1075.2−4000

=29124.8元

本期应预扣预缴税额 =(累计预扣预缴应纳税所得额 × 预扣率 − 速算扣除数) − 累计减免税额 − 累计已预扣预缴税额

=29124.8×3%−390

=483.74元

五、个人领取企业年金、职业年金

为正确理解164号文关于年金的政策,先简单介绍之前的有关规定。

(一)年金缴存时的免税政策

根据《关于企业年金、职业年金个人所得税有关问题的通知》(财税〔2013〕103号,以下简称103号文)的规定,企业和个人在缴存年金时,只要符合规定,可以免征个人所得税,但在退休后领取年金时,需要按照"工资、薪金所得"缴纳个人所得税。

企业年金是指企业及其职工依照有关规定自愿建立的补充养老保险制度。职业年金是指事业单位及其工作人员依法建立的补充养老保险制度。

(二)年金提取时的征税政策

年金在缴存时免税,但是在提取时缴税。由于提取时可能包括2014年1月1日之前已经缴税的部分,因此,在提取时还要区分哪些是已经缴纳个税的,哪些是未缴纳个税的,对未缴纳个税的部分,计算缴纳个人所得税。

164号文规定,个人退休后领取的年金,凡是符合103号文规定的,不并入综合所得,全额单独计算应纳税款。但是不同的领取方式,有不同的计税方法。

1. 按月领取

适用月度税率表,计算纳税。

2. 按季领取

平均分摊计入各月,按每月领取额适用税率,计算纳税。

3. 按年领取

适用综合所得税率表计算纳税,也就是按年所得,适用高的税率。

六、解除劳动关系、提前退休、内部退养一次性补偿

（一）解除劳动关系

个人因与单位解除劳动关系，获得的经济补偿金、生活补助费等一次性补偿收入，在当地上年平均职工工资 3 倍以内的部分，免征个人所得税。超过 3 倍数额的部分，不并入当年综合所得，单独适用综合所得税率表，计算纳税。

2019 年 5 月，张三因与原单位解除劳动关系获得一次性补偿 50 万元，当地上年职工年平均工资是 8 万元，张三 1—5 月在原单位获得工资奖金 26 万元，一次性补偿应如何纳税？

一次性补偿应纳税所得额

$=50-8\times 3$

$=26$ 万元

因为不并入当年的综合所得，单独计算纳税，26 万元就是应税所得额，根据综合所得税率表，适用税率是 20%，速算扣除数是 16920。

应纳税额

$=260000\times 20\%-16920$

$=35080$ 元

（二）提前退休

提前退休取得的一次性补贴，按照如下步骤，计算应纳税额。

1. 年度分摊

将取得的一次性补贴收入，除以提前退休的年数，作为确定税率和速算扣除数的所得数。

比如李四 55 岁时提前退休，因为法定年龄是 60 岁，提前 5 年退休。退休时，取得一次性补贴收入 45 万元，年度分摊是 90000 元。

$450000/5=90000$ 元

2. 查找税率

按照年度分摊的数额，比照综合所得税率表，确定税率是10%，速算扣除数是2520元。

3. 计算税额

计算应纳税额，实际分为两步：第一步计算平均每年的应纳税额，第二步计算总的应纳税额。

（1）年应纳税额

年应纳税额 =（一次性补贴收入 / 提前退休年数 − 费用扣除标准）

$\qquad$ × 适用税率 − 速算扣除数

$\qquad$ =（450000/5 − 60000）× 10% − 2520

$\qquad$ = 480元

（2）总应纳税额

总应纳税额 = 480 × 5 = 2400元

七、单位低价向职工售房

单位低价向职工售房，有免税和征税两种情况。

（一）低价售房何时免税

根据《关于单位低价向职工售房有关个人所得税问题的通知》（财税［2007］13号，以下简称13号文），如果符合以下情况，职工支付的房改成本价低于房屋建造成本或市场价格的差额，免征个人所得税。

1. 符合规定

符合住房制度改革的有关规定。

2. 改革期间

发生在住房制度改革期间。

3. 政府定价

按照所在地县级以上人民政府规定的房改成本价格向职工出售

公有住房。

(二) 低价售房如何征税

根据13号文和164号文的规定,如果不符合免税规定,职工少支付的差价部分,属于工资薪金所得,按照下面的步骤征收个人所得税。

1. 单独计算

差价部分,不并入当年综合所得,单独计算税额。

2. 所得分摊

将差价收入除以12个月得到的数额,作为确定月度税率的依据。

3. 确定税率

根据分摊的数额,按照月度税率表确定适用税率和速算扣除数。

4. 计算税额

应纳税额=职工实际支付的购房价款低于该房屋的购置或建造成本价格的差额 × 适用税率 − 速算扣除数

上述算法,类似于全年一次性奖金的算法。

八、外籍个人津贴补贴

(一) 外籍个人津贴补贴免税优惠

根据《财政部国家税务总局关于个人所得税若干政策问题的通知》(财税〔1994〕20号),外籍个人的下列补贴、津贴等免征个税:

以现金形式、实报实销形式取得的住房补贴、伙食补贴、搬迁费、洗衣费;

按合理标准取得的境内外出差补贴;

合理的探亲费、语言训练费、子女教育费等。

根据《财政部国家税务总局关于外籍个人取得港澳地区住房等补贴征免个人所得税的通知》(财税〔2004〕29号)的规定,受雇于境内企业，但是居住于港澳的外籍个人，也可享受上述优惠。

（二）外籍居民个人可以选择免税或专项附加扣除

也许是因为外籍个人有上述免税优惠，所以外籍个人不能享受专项附加扣除。164号文允许外籍个人在免税和专项附加扣除之间选择。具体如下：

1. 成为居民

外籍个人需满足居民个人条件。也就是有住所，或无住所但一个年度居住满183天。

2. 二中选一

外籍个人可以在专项附加扣除和免税之间选择一项。一旦选择，一年内不得变更。

对绝大多数外籍人员而言，选择免税可能更优惠。

3. 可选时间

在2019年1月1日到2021年12月31日之间，可以二中选一。

4. 免税取消

自2022年1月1日起，外籍个人不再享受住房补贴、语言训练费、子女教育等的免税优惠，一律执行专项附加扣除规定。

12. 个税法规解读之六：全年一次性奖金的问题、原因、对策

按照《关于个人所得税法修改后有关优惠政策衔接问题的通知》（财税〔2018〕164号，以下简称164号文）的规定，居民个人取得全年一次性奖金，中央企业负责人取得年度绩效薪金延期兑现收入和任期奖励，分别符合《国家税务总局关于调整个人取得全年一次性奖金等计算征收个人所得税方法问题的通知》（国税发〔2005〕9号，以下简称9号文）、《国家税务总局关于中央企业负责人年度绩效薪金延期兑现收入和任期奖励征收个人所得税问题的通知》（国税发〔2007〕118号，以下简称118号文）规定的，在2021年12月31日之前，可以选择将一次性奖金单算，或是与其他收入混算处理。本文重点分析一次性奖金税后收入存在"临界点"的原因，纳税人可以采取的对策。

一、全年一次性奖金的计算方法
二、税后收入的"临界点"
三、产生问题的原因
四、解决问题的对策

一、全年一次性奖金的计算方法

按照164号文的规定,如果全年一次性奖金所得单独计算应纳税额,计算过程分为三步:

(一)除所得

用全年一次性奖金收入,除以12个月,得到的数额作为月度所得额。

(二)找税率

按照计算出来的月度所得额和月度综合所得税税率表,确定全部奖金收入的适用税率和速算扣除数。

(三)算税额

将全年奖金收入作为应税所得,根据找出来的税率和速算扣除数,计算应纳税额。

应纳税额 = 全年一次性奖金收入 × 适用税率 - 速算扣除数

二、税后收入的"临界点"

按照税法的一般原理,尽管所得越大纳税越多,但是税后收入也应越多,可是全年一次性奖金的计算方法却可能导致超过某一临界点,在一段区间内,奖金增加,缴税增多,税后收入反而减少的情况。下面举例说明:

如果年终奖是36000元,应纳税额和税后收入计算过程是:

36000/12=3000元

适用税率是3%,速算扣除数是0

应纳税额 =36000×3%=1080元

税后收入 =36000-1080=34920元

如果年终奖增加300元,即总额是36300元,应纳税额和税后收入计算过程是:

36300/12=3025 元

适用税率是 10%，速算扣除数是 210

应纳税额 =36300×10%-210=3420 元

税后收入 =36300-3420=32880 元

也就是多发 300 元，多交税 2340 元，税后收入反而减少 2040 元。

通过进一步测算可知，从 36001 元到 38567 元（取整）这段区间，多发奖金都会导致税后收入反而少于 36001 元；超过 38567 元后，多发奖金，税后收入才会增加。

36001×10%-210=3390.1 元，税后收入 32610.9 元。

38567×10%-210=3646.7 元，税后收入 34920.3 元。

类似临界点还有 14.4 万元，30 万元，42 万元，66 万元，96 万元。

三、产生问题的原因

全年一次性奖金的政策，本来是为了降低纳税人的税负。因为在 9 号文出台之前，在取得奖金的当月，应和当月的工资薪金一起计算个税，适用比较高的税率。

"临界点"现象到底是怎么产生的？

根源在于，比例税率的计税依据和累进税率的矛盾造成的。

比例税率对应一个总的计税依据，典型的是企业所得税 25% 的税率。假设所得是 3300 元，则全部所得对应的都是 25% 的税率。

累进税率是将计税依据分成不同的档次，不同档次适用不同的税率，典型的是工资薪金的超额累进税率。假设所得是 3300 元，3000 元部分适用 3% 的税率，300 元部分，才适用 10% 的税率。

全年一次性奖金的计算方法，可以让纳税人适用相对低的税率，对纳税人是有利的。但是全部奖金收入都适用一个税率，在税率超额累进的情况下，在税率档次的临界点上，就会出现收入增加一块钱，但是奖金收入整体（严格说是极大部分）适用更高档次税率的情况，从而导致增加的税额可能高于增加的收入。

四、解决问题的对策

解决问题的对策，一是调整奖金税收政策，二是纳税人自己想办法。

（一）调整奖金税收政策

尽管作为过渡政策，全年一次性奖金的计算方法将在2022年后停止使用，但作为一种专业探讨，还是就调整奖金计算方法提出笔者的浅见。

目前用奖金收入除以12的做法，实际就是认为奖金应分摊到每个月，所以，将计算方法改一下，就可以避免上述问题。

即：

应纳税额＝[（全年一次性奖金/12）× 适用税率 − 速算扣除数]×12

适用税率和速算扣除数是按照除以12后的所得查找。

（二）纳税人的对策

纳税人怎么办？有两种方法：

1. **减少奖金的发放**

仍以上面的例子说明，即使按照规定应该发放36300元奖金，但是因为税后收入更少，可以将奖金减按36000元发放。

2. **奖金分次发放**

还是按照公司的规定计算应发全年一次性奖金，然后再计算如何发放更合适。如果全部奖金一起计税，出现奖金越多税后收入越少的情况，可以分次发放，比如将应发的36300元奖金，先发放36000元，其余的奖金在以后月份发放，至于分几次发放，根据实际情况测算。

其他税种

13. 资源税的税额计算和征收管理

资源税是一个小税种，根据财政部网站的数据，2017年资源税收入仅为1353亿元，不到全部税收收入144360亿元的1%。但是，资源税又是一个很独特的税种，名为税，实为租。因为资源是国家的，国家凭借对资源的所有权取得收入，类似收取的"地租"。进口矿产品缴纳进口增值税，但是不缴纳资源税；资源税从价计征时，要扣掉运杂费，都与其"地租"的属性有关。

对资源税纳税人而言，有许多问题值得重视。本文结合自2018年7月1日起执行的国家税务总局《关于发布〈资源税征收管理规程〉的公告》（国家税务总局公告2018年第13号，以下简称13号公告），分析以下问题：

一、纳税地点

二、纳税环节

三、税额计算

四、税率要求

五、销售额计算

六、税收优惠管理

七、资源税扣缴管理

其他税种

一、纳税地点

纳税不要交错地方，不要交错税局。在国地税合并后，交错税局的风险将不复存在，但是不交错地方，还是要注意。

根据13号公告，纳税人开采或者生产资源税应税产品，纳税地点是：

资源产品的开采地；

或者资源产品的生产地。

需要注意的是，纳税地点不是注册地。如何理解开采地？一般是井口所在地。至于在地下开采，到了其他地区的脚下，不用向其他地区纳税。

二、纳税环节

纳税环节分为一般规定和特殊规定。

（一）一般规定

资源税在应税产品销售或者自用环节计算缴纳。

（二）特殊规定

1. 用原矿加工精矿

以自采原矿加工精矿产品的，在原矿移送使用时不缴纳资源税，在精矿销售或者自用时缴纳资源税。

2. 加工非应税产品

以自采原矿直接加工为非应税产品，或者以自采原矿加工的精矿，连续生产非应税产品的，在原矿或者精矿移送环节计算缴纳资源税。

3. 非货币资产交易

以应税产品投资、分配、抵债、赠与、以物易物等，在应税产品所有权转移时计算缴纳资源税。

三、税额计算

根据计税依据不同,应纳税额有两种计算方法:

应纳税额 = 计税销售额 × 税率

应纳税额 = 计税销售数量 × 税率

计税销售额或者销售数量,包括应税产品实际销售和视同销售两部分。如何确定视同销售额或销售量,在下文分析。

四、税率要求

纳税人开采或者生产不同税目应税产品的,应当分别核算不同税目应税产品的销售额或者销售数量。

未分别核算或者不能准确提供不同税目应税产品的销售额或者销售数量的,从高适用税率。

任何税种的优惠,凡是有高税率和低税率、有征税和免税,一定要分开核算,不然就高不就低、就征不就免。

五、销售额计算

销售额计算,在一般规定的同时,作了诸多特殊规定。

(一)一般规定

计税销售额,是指纳税人销售应税产品,向购买方收取的全部价款和价外费用,不包括增值税销项税额。

(二)销售额换算

征税对象为精矿,但纳税人销售原矿的,应将原矿销售额换算为精矿销售额。

征税对象为原矿,但纳税人销售自采原矿加工的精矿,应将精矿销售额折算为原矿销售额。

换算比或折算率原则上应通过原矿售价、精矿售价和选矿比计算，也可通过原矿销售额、加工环节平均成本和利润计算。

（三）关联交易要求

纳税人与其关联企业之间的业务往来，应当按照独立企业之间的业务往来收取或者支付价款、费用。

不按照独立企业之间的业务往来收取或者支付价款、费用，而减少其计税销售额的，税务机关可以依法进行合理调整。

（四）视同销售额

视同销售额包括视同销售的情况及确定销售额的方法。

1. 视同销售的情况

视同销售包括以下情形：

（1）以自采原矿直接加工为非应税产品；

（2）以自采原矿洗选（加工）后的精矿，连续生产非应税产品；

（3）以应税产品投资、分配、抵债、赠与、以物易物等。

如果是从量计征，则直接确定计税销售量。

2. 如何确定销售额

有视同销售应税产品行为而无销售价格，或者申报的应税产品销售价格明显偏低且无正当理由，税务机关应按下列顺序确定其应税产品计税价格：

（1）纳税人最近时期同类产品的平均销售价格；

（2）其他纳税人最近时期同类产品的平均销售价格；

（3）按应税产品组成计税价格：

组成计税价格＝成本×（1+成本利润率）÷（1－资源税税率）

（4）后续加工非应税产品销售价格，减去后续加工环节的成本利润；

（5）按其他合理方法确定。

（五）运杂费用扣减

同时符合以下条件的运杂费用，可以自计税销售额中扣减：

1. 包含在应税产品销售收入中；

2. 属于纳税人销售应税产品环节发生的运杂费用，具体是指运送应税产品从坑口或者洗选（加工）地到车站、码头或者购买方指定地点的运杂费用；

3. 取得相关运杂费用发票或者其他合法有效凭据；

4. 将运杂费用与计税销售额分别进行核算。

纳税人扣减的运杂费用明显偏高导致应税产品价格偏低且无正当理由的，主管税务机关可以合理调整计税价格。

（六）购进支出扣减

以自采未税产品和外购已税产品混合销售，或者混合加工为应税产品销售的，在计算应税产品计税销售额时，准予扣减已单独核算的已税产品购进金额；未单独核算的，一并计算缴纳资源税。已税产品购进金额当期不足扣减的可结转下期扣减。

扣减当期外购已税产品购进金额，应依据增值税发票、海关进口增值税专用缴款书或者其他合法有效凭据。

六、税收优惠管理

税局对资源税减免实行分类管理，主要是备案方式。

（一）损失减免

纳税人开采应税产品过程中，因意外事故或者自然灾害等原因遭受重大损失的，可向主管税务机关提出，由省、自治区、直辖市人民政府决定。

（二）油气田企业备案

油气田企业按规定的减征比例填报，以纳税申报表及附表作为资源税减免备案资料。

（三）**其他企业备案**

其他应税产品开采或者生产企业，均通过备案形式向主管税务机关申报资源税减免。

七、资源税扣缴管理

购买未税矿产品的单位，应当主动向主管税务机关办理扣缴税款登记，依法代扣代缴资源税。

资源税代扣代缴的适用范围应限定在除原油、天然气、煤炭以外的，税源小、零散、不定期开采等难以在采矿地申报缴纳资源税的矿产品。

对已纳入开采地正常税务管理或者在销售矿产品时开具增值税发票的纳税人，不采用代扣代缴的征管方式。

13号公告自2018年7月1日起施行。《国家税务总局关于发布〈煤炭资源税征收管理办法（试行）〉的公告》（国家税务总局公告2015年第51号）、《国家税务总局关于认定收购未税矿产品的个体户为资源税扣缴义务人的批复》（国税函〔2000〕733号）同时废止。

14. 从房产税和土地使用税的征免看"去产能、调结构"的限期优惠

只要拥有房产、占用土地，企业无论是否停业，都有房产税和土地使用税的纳税义务。不过在实际经济活动中，有关部门对于一些特定纳税人给予了减、免税优惠政策。为推进去产能、调结构，促进产业转型升级，财政部和国家税务总局印发了《关于去产能和调结构房产税 城镇土地使用税政策的通知》（财税〔2018〕107号），明确对去产能和调结构政策要求停产停业、关闭的企业，给予限期免税的优惠政策。这项政策并不是一项新政策，其实是经过几次变迁演化而来。本文将从房产税、土地使用税的征免角度，对该项政策进行简要分析，主要包括以下内容：

一、房产税、城镇土地使用税的征税规定

二、房产税、城镇土地使用税的减免

三、停业关闭企业的房产税、城镇土地使用税的征免变迁

一、房产税、城镇土地使用税的征税规定

（一）纳税人

在城市、县城、建制镇和工矿区，拥有产权的房产所有人应缴纳房产税。产权属于全民所有的，由经营管理的单位缴纳。产权出典的，由承典人缴纳。产权所有人、承典人不在房产所在地的，或者产权未确定及租典纠纷未解决的，由房产代管人或者使用人缴纳。

在城市、县城、建制镇、工矿区范围内使用土地的单位和个人，为城镇土地使用税（简称土地使用税）的纳税人，应当按规定缴纳土地使用税。

（二）纳税义务发生时间

1. 房产税

新建的房屋，纳税人自建的，自建成之次月起征收房产税；纳税人委托施工企业建设的房屋，从办理验收手续之次月起征收房产税。纳税人在办理验收手续前已使用或出租、出借的新建房屋，应按规定征收房产税。

购置的房屋，购置新建商品房，自房屋交付使用之次月起计征房产税和城镇土地使用税；购置存量房，自办理房屋权属转移、变更登记手续，房地产权属登记机关签发房屋权属证书之次月起计征房产税和城镇土地使用税。

房地产开发企业自用、出租、出借本企业建造的商品房，自房屋使用或交付之次月起计征房产税和城镇土地使用税。

2. 土地使用税

除上述规定外，新征用的土地，征用的耕地，自批准征用之日起满1年时开始缴纳土地使用税；征用的非耕地，自批准征用次月起缴纳土地使用税。

通过招标、拍卖、挂牌方式取得的建设用地，不属于新征用的

耕地，由受让方从合同约定交付土地时间的次月起缴纳城镇土地使用税；合同未约定交付土地时间的，从合同签订的次月起缴纳城镇土地使用税。

（三）纳税义务截止时间

纳税人因房产、土地的实物或权利状态发生变化而依法终止房产税、城镇土地使用税纳税义务的，其应纳税款的计算应截止到房产、土地的实物或权利状态发生变化的当月末。

由上述规定可以看到，房产、土地是否闲置，有关企业是否停业，并不影响其房产税和土地使用税的纳税义务。

二、房产税、城镇土地使用税的减免

（一）房产税减免

根据《房产税暂行条例》的规定，国家机关、人民团体、军队自用的房产，由国家财政部门拨付事业经费的单位自用的房产，宗教寺庙、公园、名胜古迹自用的房产，个人所有非营业用的房产，经财政部批准免税的其他房产可按规定免纳征房产税。

除上述规定外，纳税人纳税确有困难的，可由省、自治区、直辖市人民政府确定，定期减征或者免征房产税。

（二）土地使用税减免

根据《城镇土地使用税暂行条例》的规定，国家机关、人民团体、军队自用的土地，由国家财政部门拨付事业经费的单位自用的土地，宗教寺庙、公园、名胜古迹自用的土地，市政街道、广场、绿化地带等公共用地，直接用于农、林、牧、渔业的生产用地，由财政部另行规定免税的能源、交通、水利设施用地和其他用地可免缴土地使用税；经批准开山填海整治的土地和改造的废弃土地，从使用的月份起免缴土地使用税 5 年至 10 年。

除上述情况外，纳税人缴纳土地使用税确有困难需要定期减免的，由县以上地方税务机关批准。

此外，一些特定用途和特定行业，如科技企业孵化器、国家大学科技园、供热企业、铁路运输企业、物流企业等，可按专门的规定，享受房产税和/或土地使用税的减免。总之，享受房产税、土地使用税的减免，需要有法规的支持。

三、停业关闭企业的房产税、城镇土地使用税的征免变迁

（一）2004年以前暂不（免）征收

闲置房产、土地，曾经可以按法规规定经批准后，暂不征收房产税、暂免征收土地使用税。

《财政部税务总局关于房产税若干具体问题的解释和暂行规定》（［86］财税地字第008号）的第二十条曾经规定，"企业停产、撤销后，对他们原有的房产闲置不用的，经省、自治区、直辖市税务局批准可暂不征收房产税。"

《国家税务局关于印发〈关于土地使用税若干具体问题的补充规定〉的通知》（［89］国税地字第140号）的第九条曾经规定，"企业关闭、撤销后，其占地未作他用的，经各省、自治区、直辖市税务局批准，可暂免征收土地使用税。"

（二）2004年以后恢复征收

2004年，财政部、国家税务总局先后出台《关于调整房产税有关减免税政策的通知》（财税［2004］140号）和《关于调整城镇土地使用税有关减免税政策的通知》（财税［2004］180号）。140号文废止"第二十条 企业停产、撤销后，对他们原有的房产闲置不用的，经省、自治区、直辖市税务局批准可暂不征收房产税的规定"。180号文取消了"第九条 企业关闭、撤销后，其占地未作他

用的,经各省、自治区、直辖市税务局批准,可暂免征收土地使用税的规定"。

两条规定废止取消后,按照房产税、土地使用税纳税义务的有关规定,原则上即使企业已经停产或关闭,只要它仍然有房产的所有权、占用土地,就应该按规定缴纳房产税和土地使用税。

实践中,有地方税务机关还发文对此进行了确认,如北京和重庆。《重庆市地方税务局关于调整房产税城镇土地使用税有关政策的通知》(渝地税发[2006]104号)就曾明确规定,企业拥有的房产、占用的土地,不论是否闲置,均应照章缴纳房产税、土地使用税。

(三)去产能和调结构关停的企业可享税收优惠

去产能、调结构、促进产业转型升级,将会导致一部分企业停业、房产土地闲置,如果在这类企业处置之前对其依然征收房产税和土地使用税,会给企业带来一定的压力和困难。如果在这类企业处置之前一直不征收房产税和土地使用税,也可能出现就此搁置择机再恢复营业的情况。

财政部和国家税务总局2018年发布的107号文,对于两方因素都进行了考量。107号文规定,对按照去产能和调结构政策要求停产停业、关闭的企业给予了限期税收优惠,自2018年10月1日至2020年12月31日,此类企业自停产停业次月起,免征房产税、城镇土地使用税。企业享受免税政策的期限累计不得超过两年。

按照去产能和调结构政策要求停产停业、关闭,可享免税优惠的各级企业,是指经有关部门认定的,并且列在名单上的企业。中央企业名单由国务院国有资产监督管理部门认定发布,其他企业名单由省、自治区、直辖市人民政府确定的去产能、调结构主管部门认定发布。各级认定部门应当每年核查名单内企业情况,

其他税种

将恢复生产经营、终止关闭注销程序的企业名单及时通知财政和税务部门。

符合条件的企业享受上述免税政策，还需要进行减免税申报，并将房产土地权属资料、房产原值资料等留存备查。

国际税收

15. 国际税收新规之一：如何判定"受益所有人"身份

非居民企业自中国取得的所得中，股息、利息、特许权使用费占有相当大的比例。由于协定的税率是优惠税率，我国与某些国家（地区）的协定（安排）税率，比常用的 10% 税率更加优惠。但是，享受优惠是有条件的，协定的股息、利息、特许权使用费条款都有"受益所有人"的规定，只有取得股息、利息、特许权使用费的非居民企业是"受益所有人"，才可以享受协定待遇，这是比居民身份更加严格的一种要求。

如何理解和判定要求享受协定待遇的申请人是"受益所有人"？《关于税收协定中〈受益所有人〉有关问题的公告》（国家税务总局公告 2018 年第 9 号，以下简称 9 号公告）作出了比被废止的《关于如何理解和认定税收协定中〈受益所有人〉的通知》（国税函〔2009〕601 号，以下简称 601 号文）、《关于认定税收协定中〈受益所有人〉的公告》（国家税务总局公告 2012 年第 30 号，以下简称 30 号公告）更加明确的规定。

本文结合 9 号公告、总局对 9 号公告的解释及税收协定的有关规定，分析如下问题：

一、"受益所有人"的定义和意义

二、从哪些因素研判"受益所有人"身份

三、影响"受益所有人"身份的不利因素

四、直接认定为"受益所有人"的几种情况

五、间接认定为"受益所有人"的几种情况

六、持股的时间要求

七、代理人的影响和认定

八、征管要求

九、执行时间

附件一：可以认定为"受益所有人"的投资架构

附件二：判定是否有"受益所有人"身份的案例

一、"受益所有人"的定义和意义

根据 9 号公告,"受益所有人"是指对所得或所得据以产生的权利或财产,具有所有权和支配权的人。

也就是说,"受益所有人"是实质上而不是形式上拥有所得的人。

"受益所有人"规定的目的在于防止滥用税收协定。从 9 号公告的规定可以看出,其目的就是把形式上可以享受协定待遇,但实际是滥用协定待遇的非居民企业排除在外。即使按照法律形式,申请人是股息、利息、特许权使用费的所有人,但如果不是"受益所有人",也不能享受协定待遇。但是 9 号公告为不伤及无辜,也有一些例外的规定。既切了一刀,又没有一刀切,处理方式比较合理。

判定是否属于"受益所有人",有两种方式:一是在分析的基础上,判定是否属于"受益所有人";二是直接认定为"受益所有人"。

二、从哪些因素研判"受益所有人"身份

根据 9 号公告,税务局在判定"受益所有人"身份时,区分不同所得类型,对如下资料进行综合分析:

公司章程;

职能和风险承担情况;

人力和物力配备情况;

贷款合同;

特许权使用合同或转让合同;

专利注册证书、版权所属证明;

公司财务报表、资金流向记录、相关费用支出;

董事会会议记录、董事会决议等。

通过上述因素,可以大体看出申请人是否有实质经营活动。

三、影响"受益所有人"身份的不利因素

各种导致申请人可能是壳公司的因素,都不利于判定申请人为"受益所有人"。这些不利因素,具体包括:

(一)所得转付义务

申请人有义务在收到所得的 12 个月内,将所得的 50% 以上,支付给第三国(地区)居民。"有义务"包括约定义务和虽未约定义务,但已形成支付事实的情形。

也就是说,如果申请人在收到所得后 12 个月内,将所得的 50% 以上,再转支付给第三国,不利于认定"受益所有人"身份。

(二)没有实质经营活动

申请人从事的经营活动,不构成实质性经营活动。

所谓实质性经营活动,包括具有实质性的制造、经销、管理等活动。

经营活动是否具有实质性,应根据其实际履行的功能及承担的风险进行判定。

具有实质性的投资控股管理活动,可以构成实质性经营活动。一般而言,申请人需要从事投资前期研究、评估分析、投资决策、投资实施以及投资后续管理等活动。

从事不构成实质性经营活动的投资控股管理活动,同时从事其他经营活动的,如果其他经营活动不够显著,不构成实质性经营活动。(如何判定实质经营活动,见后面的案例分析。)

(三)居民国税负很低

申请人所在的居民国(地区),对有关所得不征税或免税,或征税但实际税率极低。

(四)债权人有相近的其他贷款或存款合同

在利息据以产生和支付的贷款合同之外,存在债权人与第三人

之间在数额、利率和签订时间等方面相近的其他贷款或存款合同。

申请人自境内取得利息所得，但是申请人与第三人的存款或贷款合同，与给境内债务人的借款合同差不多，这就有滥用税收协定的嫌疑。

（五）权利人有其他特许权合同

在特许权使用费据以产生和支付的版权、专利、技术等使用权转让合同之外，存在申请人与第三人之间在有关版权、专利、技术等的使用权或所有权方面的转让合同。

自境内取得特许权使用费的申请人，有与其他第三人的特许权合同，与同境内企业签订的特许权使用费合同差不多，也有滥用税收协定的嫌疑。

四、直接认定为"受益所有人"的几种情况

非居民取得股息所得时，股东如果符合下列条件之一，可直接将申请人认定为"受益所有人"。

（一）缔约对方政府；

（二）缔约对方居民且在缔约对方上市的公司；

（三）缔约对方居民个人；

（四）申请人被第（一）至（三）项中的一人或多人直接或间接持有100%股份，且间接持有股份情形下的中间层为中国居民或缔约对方居民。

五、间接认定为"受益所有人"的几种情况

申请人从中国取得的所得为股息时，申请人虽不符合"受益所有人"条件，但直接或间接持有申请人100%股份的人，也就是申请人的直接或间接100%控股的股东，符合"受益所有人"条件，并

且属于以下两种情形之一的,应认为申请人具有"受益所有人"身份:

(一)**控股股东有申请人所在国居民身份**

符合"受益所有人"条件的直接或间接100%控股股东,是申请人所属居民国(地区)居民。

"符合'受益所有人'条件"的直接或间接100%控股股东,是指根据不利因素综合分析后,可以判定具有"受益所有人"身份。

(二)**控股股东直接持股有同等或更优待遇**

直接或间接100%控股股东虽然不是申请人所属居民国(地区)居民,但是直接或间接控股股东,如果直接自中国取得股息,根据其居民国与中国签署的协定,其可享受的协定待遇与申请人可享受的税收协定待遇相同或更为优惠。

也就是说,在协定待遇相同或更优的情况下,非居民没有必要刻意做出某种滥用协定的安排。

六、持股的时间要求

享受协定股息待遇,对非居民持股的时间有要求,应当在取得股息前连续12个月以内任何时候,均达到规定持股比例。

协定规定的持股比例,一般是不低于25%。

七、代理人的影响和认定

代理人的影响和认定,包括以下三个问题:

什么是代理人?

代理人是否影响申请人身份?

股东取得股息是否可以认为代收股息?

(一)**什么是代理人**

代理人实际就是代表申请人取得所得的人。经营中有这种情况,境外的A公司给境内的B公司贷款,但是约定利息由C公司代为收取,C公司就是A公司的代理人。

代理人或指定收款人等(以下统称"代理人")不属于"受益所有人"。判断是否为"代理人代为收取所得"情形时,应根据代理合同或指定收款合同等资料进行分析。

(二)代理人不影响申请人身份

申请人通过代理人代为收取所得的,无论代理人是否属于缔约对方居民,都不影响对申请人"受益所有人"身份的判定。

(三)不属于代收的三种情形

股东基于持有股份取得股息,债权人基于持有债权取得利息,特许权授予人基于授予特许权取得特许权使用费,不属于"代为收取所得"。

假定境外的A公司代境外的B公司持有境内C公司的股份,A公司以股东身份取得股息,不能说是代B公司取得股息。如果A公司没有"受益所有人"身份,但B公司有"受益所有人"身份,不能认为A公司是代B公司取得股息,不能认为A公司有"受益所有人"身份。

八、征管要求

征管要求既有对纳税人的要求,也有对税务局内部的要求。

(一)纳税人应该提交的资料

申请人需要证明具有"受益所有人"身份的,应将相关证明资料按照《国家税务总局关于发布〈非居民纳税人享受税收协定待遇管理办法〉的公告》(国家税务总局公告2015年第60号)第七条的规定报送。

申请人因控股股东具有"受益所有人"身份的,除提供申请人的税收居民身份证明外，还应提供控股股东等当事人所属居民国（地区）税务主管当局为该人开具的税收居民身份证明。

税收居民身份证明，均应证明取得所得的当年度或上一年度的税收居民身份。

（二）对税务局的要求

申请人因不具有"受益所有人"身份而自行补缴税款的，主管税务机关应将相关案件层报省税务机关备案。

主管税务机关认为应该否定申请人"受益所有人"身份的，应报经省税务机关同意后执行。也就是说，只有省级税务机关才有否决申请人身份的权利，这也意味着，如果主管税务机关不同意，申请人有向上级税务机关争取的机会。

九、执行时间

9号公告适用于2018年4月1日及以后发生纳税义务或扣缴义务需要享受税收协定待遇的事项。

也就是说，2018年4月1日之前发生纳税义务，但是在4月1号以后实际取得股息等所得的，继续沿用以前的规定。这有点类似于权责发生制，比较合理。

附件一：

可以认定为"受益所有人"的投资架构

示例1

香港居民A投资内地居民并取得股息时，其为香港政府或者在香港上市的公司或者香港居民个人，可直接判定香港居民A具有"受益所有人"身份。

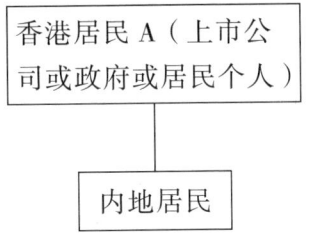

示例 2

香港居民 B 投资内地居民并取得股息时,香港居民 A 通过香港居民 C 间接持有香港居民 B 100% 股份,如果香港居民 A 为香港政府、香港居民且在香港上市的公司或香港居民个人,可直接判定香港居民 B 具有"受益所有人"身份。

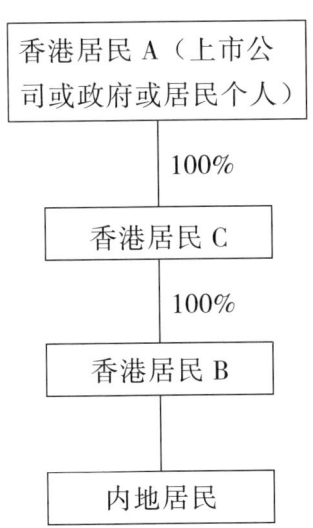

示例 3

香港居民 D 投资内地居民并取得股息,直接持有香港居民 D 100% 股份的人为香港政府、香港居民且在香港上市的公司或香港居民个人,直接判定香港居民 D 具有"受益所有人"身份。

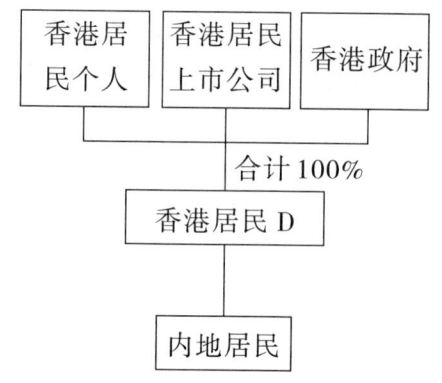

示例 4

香港居民 E 投资内地居民并取得股息,香港居民 F 直接持有香港居民 E 100% 的股份,虽然香港居民 E 不符合"受益所有人"条件,但是,如果香港居民 F 符合"受益所有人"条件,应认为香港居民 E 具有"受益所有人"身份。

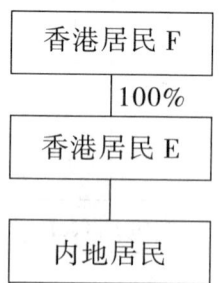

示例 5

香港居民 E 投资内地居民并取得股息,香港居民 F 通过在 BVI 注册成立的公司(不论该公司是否为香港居民)间接持有香港居民 E 100% 的股份,虽然香港居民 E 不符合"受益所有人"条件,但是,如果香港居民 F 符合"受益所有人"条件,应认为香港居民 E 具有"受益所有人"身份。

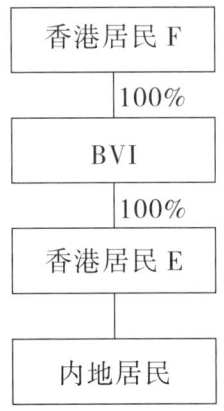

示例 6

香港居民 G 投资内地居民并取得股息,新加坡居民 I 通过新加坡居民 H 间接持有香港居民 G 100% 的股份。虽然香港居民 G 不符合"受益所有人"条件,但是,如果新加坡居民 I 符合"受益所有人"条件,并且新加坡居民 I 和新加坡居民 H 从中国取得的所得为股息时,根据中国与新加坡签署的税收协定可享受的税收协定待遇均和香港居民 G 可享受的税收协定待遇相同,应认为香港居民 G 具有"受益所有人"身份,香港居民 G 可根据内地与香港签署的税收安排享受税收协定待遇。

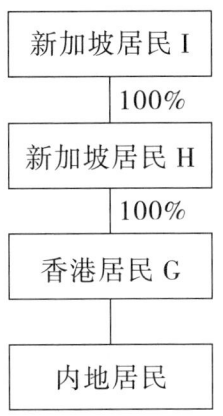

附件二：

判定是否有"受益所有人"身份的案例

总局在对 9 号公告的解释中列举了一些案例，有助于理解 9 号公告的规定。为了便于理解，本文增加了标题，对文字进行了适当简化。

案例一：将超过 50% 的所得支付给母公司

申请人 A 公司从中国收到股息所得后，每年向母公司分配的股息均未超过当年从中国收到股息所得的 50%，且分配时未发生现金流，而是被母公司用来偿还向申请人的关联贷款。

经进一步查看申请人银行对账单、银行支付流水、财务报表等信息，发现其在从中国收到每笔股息所得的一个月内，即通过关联贷款的名义将该笔所得的 80% 以上支付给母公司，形成"在收到所得的 12 个月内将所得的 50% 以上支付给第三国（地区）居民"的支付事实。

对关联贷款协议等资料详细查看，发现该协议仅约定一个贷款额度，并约定在申请人现金流允许，并经申请人同意的情况下，随时向母公司发放贷款；未约定还款期限，母公司可在任意时间偿还全部或部分贷款；贷款利率仅 0.5%，低于申请人所在国的银行同期贷款利率。

上述事实对判定其"受益所有人"身份非常不利。

案例二：申请人将股息所得转增资本

申请人取得的每笔股息所得均转增已投资项目的资本，或者用于投资在中国境内的新项目，不属于"在收到所得的 12 个月内将所得的 50% 以上支付给第三国（地区）居民"的情形。

案例三：没有实质性的投资控股管理

本案例中 B 国公司虽声称从事投资控股管理活动，但实际履行的功能及承担的风险有限，不足以证实其活动具有实质性。

按照中国与A国、B国的税收协定，A国居民可享受的股息优惠税率为10%，B国居民可享受的股息优惠税率为5%。

A国公司通过设立在B国的子公司投资中国，B国公司拟就其从中国取得的股息所得享受税收协定待遇。B国公司声称其从事投资控股管理活动并有5名雇员，但经核实发现：

B国公司并未开展行业研究、市场分析等，未履行投资控股管理等功能；

其声称的5名雇员实际与A国公司签订合同并履行A国公司的职能；

其收到的股息暂无投资计划，在账户中闲置；

中国公司的外方董事不是由其直接股东B国公司派出，而是由A国公司直接派出；

中国公司的章程称该公司的招聘、培训、融资、财务等责任由B国公司承担，但B国公司并无承担上述责任的人员，经核实上述责任实际为A国公司在北京的办事处承担；

B国公司对中国公司和从中国公司取得的股息不承担相应风险。

根据上述事实，B公司没有实质性的投资控股管理活动。

案例四：有实质性的投资控股管理

A国公司想要在亚洲进行业务扩张，考虑B国法律制度、地域、语言、税制等方面的优势，在B国设立区域性投资控股公司。

B国公司有超过50个员工，公司的主要功能是选择和收购IT领域的企业，行业研究、区域市场调研、投资项目评估、投资风险分析、被投资对象的选择、投资决策及投资后续管理等职能均由B国公司自己的团队而非A国公司履行。

B国公司对收购的子公司行使积极的管理职能，不向A国公司分配利润，而是选择将利润再投资于收购活动以及对已收购公司的业务扩展。B国公司投资控股的子公司有60%在中国，40%在中国周边国家。

经对该案例综合分析后，倾向于认为B国公司具有"受益所有人"身份。

案例五：有实质性的区域总部

本案例中B国公司承担的区域总部功能具有一定实质性。

A国公司在B国设立公司作为亚洲区域总部，B国公司除投资中国外，还投资日本、韩国、新加坡、越南等十余个国家近50家公司。虽然中国境内的市场调研、行业研究等部分功能由设在中国的投资公司承担，但评估分析、投资决策以及亚洲区域内各公司之间的资金统筹调配等功能由B国公司承担，应认为B国公司承担的区域总部功能具有一定实质性。

如果相关功能表面上由B国公司承担，但B国公司仅有8名员工，不足以承担相关功能，实际由A国公司承担或A国公司团队提供支撑，应认为B国公司从事的活动不具有实质性。

案例六：有实质性的融资公司

本案例中B国公司承担的融资功能具有一定实质性。

A国公司计划投资中国，但自有资金仅有所需资金的70%，故选择在金融业较为发达、资本较为充足、融资较为便利的B国设立公司作为融资平台，从符合安全港条件的B国的非关联公司募集所需资金的30%后，由B国公司投资中国并取得股息。该案例中B国公司作为融资平台，履行了一定功能，承担了一定风险，并且所需资金的 30% 从 B 国融入，与 B 国有一定联系，应认为 B 国公司承担的融资功能具有一定实质性。

案例七：经营活动不显著

以下案例中的其他经营活动不够显著，不构成实质性经营活动。

A 国公司自 20 世纪 90 年代以来陆续在中国直接投资设立十余家子公司并直接取得股息。2007 年，A 国公司在 B 国设立子公司，并进行集团内重组，由 B 国公司控股内地各子公司并取得股息。B 国公司从事的投资控股管理活动不构成实质性经营活动，同时向集团内其他公司提供采购服务并收取服务费，或者从集团外其他公司采购，然后销售给集团内公司并赚取进销差价。

但是，经核实，相关采购活动之前由 A 国公司设立在中国某省的子公司从事；2010 年集团将相关采购活动调整为由 B 国公司从事，B 国公司无法证明做此调整的商业必要性，并且 B 国公司从事的采购等其他经营活动取得的所得占其全部所得（含从中国境内取得的全部所得）的比例仅为 8%。上述案例可以认为申请人从事的其他经营活动不够显著，不构成实质性经营活动。

16. 国际税收新规之二：合伙企业与合作办学的协定适用

自2018年4月1日开始执行的《关于税收协定执行若干问题的公告》（国家税务总局公告2018年第11号，以下简称11号公告），明确了与合伙企业、合作办学、海运和空运、演艺人员和运动员等有关的协定问题。本文结合有关规定，分析合伙企业、中外合作办学如何适用税收协定。包括以下问题：

一、合伙企业如何适用税收协定

二、中外办学的常设机构问题

一、合伙企业如何适用税收协定

合伙企业适用税收协定,包括四个问题:

第一,境内合伙企业的境外合伙人,如何适用税收协定?

第二,境外合伙企业自境内取得收入,如何适用税收协定?

第三,拿到了居民身份证明,是否就可以享受税收协定待遇?

第四,如果合伙企业被看穿,合伙人能否享受税收协定待遇?

(一)境外合伙人只有是居民,才可享受协定待遇

对纳税人而言,协定待遇一般比较优惠,因为与没有协定相比,缔约国有条件地放弃了部分征税权。但是,享受协定待遇的前提必须是缔约方的税收居民。协定第一条"人的范围",其规定一般是:"本协定适用于缔约国一方或者同时为双方居民的人。"

中国境内合伙企业的境外合伙人,只有是缔约对方的税收居民才可以享受协定待遇。

(二)境外合伙企业只有是居民,才可享受协定待遇

境外合伙企业,只有在是中国的非居民纳税人的情况下,才有享受协定待遇的问题。

境外合伙企业成为中国的非居民纳税人,需要满足企业所得税法规定的两个条件之一。这两个条件是:

1. 实际管理机构不在中国境内,但在境内有机构、场所;

2. 在境内没有机构、场所,但有来源于中国境内的所得。

只有合伙企业是缔约对方税收居民,才可以享受协定待遇。

(三)有居民身份证明,不一定能享受协定待遇

向中国税局提交税收居民身份证明,是享受协定待遇的前提。但即使拿来对方主管税局开具的身份证明,如果未证明该合伙企业根据缔约对方国内法,因住所、居所、成立地、管理机构所在地或其他类似标准,在缔约对方负有纳税义务,也不能充分证明该合伙

企业为税收协定意义上的缔约对方居民，不能享受协定待遇。

也就是说，既要有证明，还得有证据材料证明确实有居民身份，而不是仅仅为享受待遇才开具的。

（四）境外合伙企业被看穿，其合伙人享受协定待遇

如果境外合伙企业取得的所得被视为其合伙人取得的所得，合伙人是缔约对方居民，则合伙人应就其从合伙企业取得所得中分得的相应份额，享受协定待遇。举例如下：

甲国与中国有税收协定，甲国 A 合伙企业自中国取得股息所得 100 万元，A 合伙企业有 B 和 C 两个合伙人。甲国将合伙企业看作透明体，将合伙企业的所得看作是 B 和 C 合伙人的所得，分别是 40 万元和 60 万元。如果 B 合伙人是甲国居民企业，则 B 合伙人的所得享受中国与甲国的协定待遇。

这就解决了合伙企业的合伙人平等享受协定待遇的问题。

二、中外办学的常设机构问题

常设机构是协定中非常重要的问题。外国企业之所以成为中国的非居民纳税人，原因就是取得了两类所得中的一类：

一是经营所得，就是通过在境内设立机构、场所，开展经营活动取得的所得；

二是被动所得，就是在境内没有机构场所，或者有机构、场所，但是取得与机构场所没有实际联系的利息、股息、租金、特许权使用费等被动所得。所谓没有实际联系，就是股息、利息等不应归属于机构、场所。

中外合作办学的常设机构问题，包括两个：一是是否可能构成常设机构，二是时间标准。

（一）中外合作办学构成常设机构的主体

根据11号公告，不具有法人资格的中外合作办学机构，以及中外合作办学项目中开展教育教学活动的场所，构成税收协定缔约对方居民在中国的常设机构。

也就是中外合作办学，只要在境内有机构、有场所，就可能构成常设机构。

（二）中外合作办学构成常设机构的时间

构成常设机构还有时间标准，不是说有机构、场所，不管时间长短，都构成常设机构。税收协定关于常设机构的时间标准，有的是数月，有的是数天。根据11号公告，即使协定中关于时间的表述是"在任何十二个月中连续或累计超过六个月"，也按照183天判定，即"在任何十二个月中连续或累计超过183天"，才构成常设机构，才有在中国缴纳企业所得税的义务。

随着跨国税收合作的加强，税务局对国际税收的管理日益重视，纳税人应认真审视自己的经营情况，既要依法纳税，避免税法遵从的风险，又要依法节税，充分享受协定的优惠待遇。

17. 国际税收新规之三：国际运输免税收入和免税主体

《关于税收协定执行若干问题的公告》（国家税务总局公告2018年第11号，以下简称11号公告）进一步明确了海运和空运国际运输免税收入的类型，将免税主体扩大到其他有协定（或安排）的国家（或地区）的运输企业，不再仅限于新加坡的企业。11号公告自2018年4月1日起执行。本文结合有关规定，分析如下问题：

一、免税的税种

二、免税的收入

三、免税的主体

一、免税的税种

外国的国际运输企业在中国取得的国际运输收入可以免税,免什么税?

在中国免征企业所得税、增值税。

11号公告尽管没有规定免税的税种,但11号公告基于中国和新加坡的税收协定及议定书。中新协定议定书规定中方免税的范围就包括所得税、营业税及类似税收。由于现在已经"营改增",中方对外方的国际运输收入,应由免征营业税改成免征增值税。

根据"营改增"关于跨境应税行为零税率的规定,对国际运输实行比免税更加优惠的零税率。中国与新加坡的议定书就规定,中国居民企业在新加坡取得的国际运输收入,适用增值税零税率。

二、免税的收入

免税的收入,包括国际运输收入、相关收入及视同国际运输的收入,一共五类。

(一)国际运输收入

缔约国一方企业,以船舶或飞机从事国际运输业务,从缔约国另一方取得的收入。

(二)国际运输相关收入

下列与国际运输业务紧密相关的收入,作为国际运输收入的一部分。

1. 代售客票收入

为其他国际运输企业代售客票取得的收入。

2. 运送旅客收入

从市区至机场运送旅客取得的收入。

3. 运送货物收入

将货物自货仓运到机场或码头，或直接运到购货者所在地，或直接将货物发送至购货者所在地取得的收入。

4. 旅馆住宿收入

企业仅为其承运旅客提供中转住宿而设置的旅馆取得的收入。

（三）程租、期租、湿租的租赁收入

以程租、期租形式出租船舶，或以湿租形式出租飞机（包括所有设备、人员及供应）取得的租赁收入。

（四）运输收入存款的利息

从事国际运输业务的海运或空运企业，从对方取得的运输收入存于对方产生的利息。

这种运输收入的存款利息收入，不适用协定第十一条（利息）的规定，视为国际运输业务附带发生的收入，在来源国免予征税。

（五）国际运输的附属租赁收入

国际运输的附属租赁收入也视同国际运输收入。具体包括以下几种：

1. 出租船舶

光租形式出租船舶的收入。

2. 出租飞机

干租形式出租飞机的收入。

3. 出租集装箱

使用、保存或出租用于运输货物或商品的集装箱（包括拖车和运输集装箱的有关设备）。

"附属"收入，原则上是指与国际运输业务有关，且服务于国际运输业务，属于支持和附带性质。判断附属租赁收入，有以下三个标准：

1. 主营业务标准

企业工商登记及相关凭证资料能够证明其主营业务为国际运输。

2. 是否独立标准

附属业务是其在经营国际运输业务时，从事的与主营业务联系非常紧密、不能作为一项单独业务或所得来源的活动。

3. 收入比例标准

在一个会计年度内，附属业务取得的收入，占其国际运输业务总收入的比例原则上不超过10%。

三、免税的主体

免税的主体有三个层面：一是国家主体，二是类型主体，三是企业主体。

（一）国家主体

根据11号公告，凡是与中国有协定（安排）的国家（地区），都适用11号公告的规定。

（二）类型主体

根据11号公告，国际运输只包括船舶和飞机，陆路运输不在此列。

（三）企业主体

非专门从事国际运输业务的企业，以其拥有的船舶或飞机经营国际运输业务取得的收入属于国际运输收入，也可以享受优惠政策。

当然，附属租赁收入应该不在其范围内。

从11号公告的规定可以看出，税收协定的规定，也是既有原则性的一般规定，也有例外性的特殊规定。纳税人在具体应用时，需要非常谨慎，既要避免因不恰当适用优惠导致补税罚款的风险，也要依法享受优惠规定，尽量降低税收负担。

18. 国际税收新规之四：演艺人员和运动员的纳税义务

《关于税收协定执行若干问题的公告》（国家税务总局公告2018年第11号，以下简称11号公告）进一步明确了演艺人员和运动员如何征税的问题。本文结合税收协定关于个人征税有关的条款，介绍如何理解11号公告中有关演艺人员和运动员征税的规定。为便于说明问题，以中国和新加坡的税收协定为基础，假定新加坡是税收居民国，中国是收入来源国，遇到其他国家的情况，比照理解。11号公告自2018年4月1日起执行。本文分析以下问题：

一、税收协定与个人有关的条款

二、艺术家应该征税的活动

三、运动员应该征税的活动

四、艺术家和运动员所得分类

五、所得取得方式与征税方式

六、征税举例

一、税收协定与个人有关的条款

税收协定与个人有关的条款有五条：

第 14 条，独立个人劳务；

第 15 条，非独立个人劳务；

第 16 条，董事费；

第 17 条，艺术家和运动员；

第 18 条，退休金

税收协定的主要作用，就是在税收居民国和所得来源国之间划分征税权。上述与个人有关的征税权划分，分为三种情况：中国有条件征税；中国无条件征税；中国无条件免税。

（一）中国有条件征税

对个人而言，其劳动所得的获取方式分为两类：一是独立个人劳务所得；二是非独立个人劳务所得，也就是因任职和受雇取得的所得。

对新加坡居民来自中国的独立个人劳务所得、非独立个人劳务所得，中国都是有条件征税。

1. 独立个人劳务征税的条件

新加坡居民从事教师、律师等独立劳务所得，具备下列条件之一，中国有权征税。

（1）固定基地标准

为从事有关活动，在中国有经常使用的固定基地（类似于常设机构）。

（2）停留时间标准

在任何 12 个月中，在中国停留连续或累计达到或超过 183 天。

2. 非独立个人劳务征税的条件

对新加坡居民在中国从事受雇活动取得的报酬，如果不能同时具备以下三个条件，中国有权征税。

（1）停留时间标准

在任何 12 个月中，在中国停留连续或累计不超过 183 天。

（2）居民负担标准

其报酬不是由具备中国居民身份的雇主支付，或代表该雇主支付，也就是中国居民不负担其报酬。

（3）机构负担标准

其报酬不是由其新加坡的雇主设在中国的常设机构或固定基地所负担，也就是其报酬不是由新加坡居民在中国的常设机构负担。

由于构成常设机构的标准就是 183 天，所以，上述第（1）和第（3）项条件几乎可以同时满足。

上述有条件征税的规定是一般原则，还有两类例外：一类是中国无条件征税，一类是中国无条件免税。

（二）中国无条件征税

根据中新协定的规定，新加坡居民如果是中国公司的董事，其自中国公司取得的董事费或类似款项，中国有权征税。

新加坡的艺术家和运动员在中国从事应税活动，自中国取得的所得，中国有权征税。下面将结合 11 号公告的规定，详细解释这一内容。

（三）中国无条件免税

无条件免税是指退休金。新加坡居民自中国取得退休金，中国无条件免税，只有新加坡有权征税。

二、艺术家应该征税的活动

新加坡的艺术家在中国从事哪些活动，中国可以无条件征税？根据 11 号公告，既正列举艺术家的应税活动，也反列举哪些活动不是应税活动。总局在11号公告的解释中,还特别说明下台的外国政要如何确定是否属于应税的演艺活动。

(一)艺术家的应税活动

艺术家的应税活动,包括以下几类:

1. 各种艺术活动

演艺人员从事的舞台、影视、音乐等各种艺术形式的活动。

2. 其他个人活动

以演艺人员身份开展的其他个人活动,例如演艺人员开展的电影宣传活动,演艺人员或运动员参加广告拍摄、企业年会、企业剪彩等活动。

3. 具有娱乐性质的活动

具有娱乐性质的涉及政治、社会、宗教或慈善事业的活动。

(二)演艺人员的非应税活动

不是演艺人员的所有活动都是应税活动。11号公告还列举了非应税活动,具体包括:

1. 会议发言。但在商业活动中具有演出性质的演讲,不属于会议发言。

2. 以随行行政、后勤人员(例如摄影师、制片人、导演、舞蹈设计人员、技术人员以及流动演出团组的运送人员等)身份开展的活动。

(三)外国前政要的演出活动

外国前政要应邀来华参加学术会议并发言,不属于演艺人员活动。但如果在商业活动中发表具有演出性质的演讲,应不属于会议发言,而是属于演艺人员活动。

将退休的政治人物作为演艺人员处理,很有意思,也很恰当。在国外当总统,那是需要有表演天分的,有的本身就是演员出身,比如美国的里根总统。

三、运动员应该征税的活动

运动员应该征税的活动，包括以下几项：

（一）传统体育项目

参加赛跑、跳高、游泳等传统体育项目的活动。

（二）非传统体育项目

参加高尔夫球、赛马、足球、板球、网球、赛车等运动项目的活动。

（三）娱乐性赛事活动

参加台球、象棋、桥牌比赛、电子竞技等具有娱乐性质的赛事活动。

四、艺术家和运动员所得分类

艺术家和运动员的所得，按照所得性质，可以分为劳务费、工资薪金、特许权使用费。

（一）劳务费所得

以演艺人员或运动员身份开展个人活动取得的所得，包括开展演出活动取得的所得（例如出场费），以及与开展演出活动有直接或间接联系的所得（例如广告费）。

出场费和广告费，都属于劳务费性质的所得。

（二）工资薪金所得

演艺人员或运动员，如果以某家公司的名义来中国演出，其所得可能是工资薪金性质的所得。

（三）特许权使用费所得

演艺人员或运动员自演出活动音像制品出售中取得的所得，或其他有关涉及版权的所得，属于特许权使用费所得。

五、所得取得方式与征税方式

艺术家和运动员取得所得的方式不同,征税方式也不完全一样。

(一) 直接或间接取得所得

新加坡的演艺人员或运动员直接或间接自中国取得应税所得,中国可以根据国内法,对其所得直接征税,不受协定中独立个人劳务条款和非独立个人劳务条款规定的限制。

(二) 他人收取但视为演艺人员和运动员取得

如果演出活动产生的所得,全部或部分由其他人(包括个人、公司和其他团体)收取,但根据中国国内法规,由其他人收取的所得可以视为由演艺人员或运动员取得,则中国直接征税,不受协定独立个人劳务条款和非独立个人劳务条款规定的限制。

(三) 他人收取但不能视为演艺人员和运动员取得

如果不能将由其他人收取的所得视为由演艺人员或运动员取得,则中国可以向收取所得的其他人,就演出活动产生的所得征税,不受协定中有关营业利润条款、独立个人劳务条款、非独立个人劳务条款规定的限制。

不受营业利润条款的限制,实际上也就不受常设机构条款的限制了。

六、征税举例

总局在 11 号公告的解释中,还通过举例的方式介绍了征税的具体方式。

(一) 交响乐团演出

交响乐团的成员不是按每次演出直接取得所得,而是以工资的形式取得所得,则中国对乐团成员工资中与该次演出活动对应的部分有征税权。

对于由交响乐团收取，但未支付给乐团成员的部分演出报酬，中国可以对交响乐团从演出活动取得的利润征税，不论其是否构成常设机构。

也就是说，以演出单位成员的身份来中国演出，个人按照工资薪金所得征收个人所得税，对单位按照构成常设机构征收企业所得税。

（二）演出者受雇于"一人公司"

根据中国税法对"一人公司"的不同判定，处理方式不一样。

1."一人公司"属于非居民企业

在演艺人员或运动员受雇于"一人公司"的情况下，如果按照中国税法可以将该"一人公司"视为非居民企业纳税人，则处理方式与上述交响乐团的情形一致，分别对个人和公司就其取得的演出报酬部分征税。

2."一人公司"属于税收透明体

如果按照中国税法，将该"一人公司"视为税收透明体，即将其收取的演出报酬视为全部由演艺人员或运动员直接取得，则中国可以对演艺人员或运动员就演出活动产生的全部所得征税，不考虑报酬是否确实支付给个人。

（三）他人代为收取

如果演出者出于避税安排，演出报酬未支付给演艺人员或运动员，而是由其他人（包括个人、公司和其他团体）收取，在这种情况下，如果依据中国税法可以将由其他人收取的所得视为由演艺人员或运动员取得，则中国对演艺人员或运动员就该笔所得征税。

如果按照中国税法不能将他人收取的所得视为演艺人员和运动员的所得，则中国可以根据国内法，向收取所得的其他人征税，不受营业利润条款、独立个人劳务条款、非独立个人劳务条款等规定的限制。

这些年来，中外文化交流日益频繁，外国的艺术家和运动员来中国演出的情况越来越多，涉及的税收问题也日益引起税局的关注。有关的单位和个人，还是应严格依照税法的规定履行纳税义务或扣缴义务，以避免税务风险。

实务与案例

19. 纳税义务与经济合同

2018年，娱乐圈的阴阳合同问题再次引起对合同与纳税义务关系问题的重视。有的意见认为，纳税义务是法定的，与合同没有关系。纳税人的纳税义务与经济合同是否有关系？有什么样的关系？如何在签订经济合同时，控制涉税风险？本文将分析这些问题。

一、纳税义务为什么与经济合同有关？

尽管阴阳合同不能减轻纳税义务，但是纳税义务与经济合同还是有关系的。为什么？因为业务决定税务，合同证明业务。

对纳税义务的判定，是以税法为准绳，以事实为依据。业务性质决定收入或支出性质，收入或支出性质又决定纳税义务；而合同的内容，尤其是作为合同要件的标的，能证明业务的性质、收入性质，直接影响纳税义务。

合同如何证明业务？当然假合同、阴阳合同另当别论。按照《合同法》的规定，"合同是平等主体的自然人、法人、其他经济组织之间设立、变更、终止民事权利义务关系的协议。"合同内容由当事人约定，但合同的要件"一般包括以下条款：（一）当事人的名称或者姓名和住所；（二）标的；（三）数量；（四）质量；（五）价款或者报酬；（六）履行期限、地点和方式；（七）违约责任；（八）解决争议的方式"。

合同的"标的"，说明了交易对象，也就决定了收款方或者付款方的纳税义务。如果"标的"是货物，是货物销售合同，取得收入的一方取得的就是销售货物收入，按照16%的税率计算增值税销项税。如果"标的"是房子，取得收入的一方采取一般计税方法，就要按照10%的税率计算销项税；支付房款的一方，需要按照3%的税率缴纳契税。而印花税的征税对象，多数直接就是各种合同。

合同、业务、税务三者的关系，决定了纳税人的纳税义务与经济合同有关。

二、纳税义务与经济合同关系实例

税法有诸多规定说明了纳税义务与合同的关系。

（一）享受重组待遇，合同是凭证之一

大的企业经常重组，暂不征收所得税的特殊重组条件比较严格。以企业所得税为例，资产收购和股权收购享受特殊重组的条件之一，是股权支付对价的比例不得低于85%。如何支付对价是合同的要件之一，只有在合同中明确的股权支付对价符合税法的规定，才可以享受特殊重组待遇。而合同也是办理享受特殊重组待遇备案手续或备查资料的必要凭证。国家税务总局关于重组征管的公告，无论是2010年的第4号，还是2015年的第40号、第48号，都有对合同的要求。

可以说，合同内容如果不符合税法的规定，就无法享受特殊重组的待遇。

（二）无运输工具承运，是运输还是代理？

假定A公司有批货物需要自北京运到天津，A公司找到B公司，希望把这批货运到天津，支付B公司费用10万元。

B公司没有运输工具，因此B公司找到C公司，支付其9万元，由C公司将货物运到目的地。B公司实际净得1万元。

那么B公司是按照运输收入适用10%的税率缴纳增值税，还是按照代理收入按照6%的税率缴纳增值税？

这就要看合同如何约定B公司的义务。

《关于全面推开营业税改征增值税试点的通知》（财税〔2016〕36号）所附的《销售服务、无形资产、不动产注释》中，关于无运输工具承运的规定是："无运输工具承运业务，按照交通运输服务缴纳增值税。无运输工具承运业务，是指经营者以承运人身份与托运人签订运输服务合同，收取运费并承担承运人责任，然后委托实际承运人完成运输服务的经营活动。"

按照上述规定，如果B公司与A公司签署运输合同、承担运输责任，收取运费，就按照交通运输业缴纳增值税。

但如果A公司、B公司、C公司三方签署协议，约定明确由C公司承担运输业务，B公司负责替A公司找到C公司，帮助协调运输过程中与A公司和C公司有关的事项，B公司的业务性质就是代理服务，收入按照6%的税率计算增值税。

所以，不同的合同，实际上是不同的权利、义务，不同的业务模式，也就导致不同的纳税义务。

（三）合同本身就是征税对象

我国目前有18个税种，每一税种都有征税对象，征税对象不同是不同税种的本质区别。印花税的征税对象是各种应税凭证，其中多数是各种合同，比如购销合同、加工承揽合同、借款合同等。同一类合同，合同主体不同，纳税义务也不同。比如借款合同，银行和其他金融组织与借款人签订的合同，才按照借款金额万分之零点五贴花。如果债权人是非金融企业，比如股东将资金借给自己的下属企业，这类借款合同不是印花税应税凭证。

三、依法签订合同，防控涉税风险

对纳税人而言，税务风险包括两类：少缴税、晚缴税的风险；

多缴税、早缴税的风险。为尽量避免上述风险，在签订合同时应充分考虑有关因素。

（一）合同必须如实反映业务内容

合同必须如实反映业务内容，如果是阴阳合同，试图用金额小的阳合同，掩盖金额大的阴合同，不仅无助于减轻纳税义务、控制税务风险，还会造成更大的风险。

订立了阴阳合同，在记账时一般会按照金额小的阳合同确认收入，按照《税收征收管理法》的规定，伪造账簿、少列收入，可以定性为性质恶劣的偷税。

（二）合同签署前，充分考虑业务模式

合同只是当事人双方之间业务实质的一种文字表述，重大合同，尤其是重组等重大业务合同，最好在签订之前认真考虑业务模式，尽量满足税法要求，依法降低税收负担。

（三）合同签署时，尽量用法言法语

合同是商事凭证，应用法言法语，依法签署。合同不仅仅是给当事人双方看的，还是给税局看的。因此，有些表述方式，尤其是享受税收优惠的业务，应该用税法的语言和习惯，因为税局在审查合同时，首先是形式审核，如果用税法的语言和习惯，容易被税局接受。

以重组为例，如果是转让股权，尽管享受特殊重组优惠的是股权转让方，但是合同的名字最好是《股权收购合同》，不用《股权转让合同》的名字。因为财税〔2009〕59号文件列举的重组方式，有股权收购，没有股权转让，如果用词不当，可能引起不必要的麻烦。

（四）合同中明确有关涉税的细节问题

为了避免税务风险，最好在合同中明确以下问题：

1. 价格是否含税

价格是否包含增值税是必须明确的问题，因为直接影响销售方的收入、购买方的成本。比如货物销售合同，价款是116万元，如果是含税价、税率16%，则销售方收入是100万元，购买方成本是100万元。如果是不含税价，购买方另外支付16%的税款，则销售方收入是116万元，购买方成本是116万元。

2. 收款时间

纳税人必须依法及时纳税，因此需要正确判定自己的纳税义务发生时间。增值税判定纳税义务发生时间的标准之一，是合同约定的收款时间。因此，合同中明确约定收款时间，有助于正确判定自己的纳税义务发生时间，依法及时缴纳税款，避免早缴税或晚缴税。

3. 发票种类

必须在合同中明确开具何种发票，最好是开具增值税专用发票。对销售方而言，开具专票还是普票不影响自己的纳税义务，但是对购买方而言，取得专票可以降低成本。

4. 真票证明

税务局还是以票控税，因此最好在合同中注明，开具普票时一并提供税局发票查询为真票的截图证明，将问题发票控制在取得之前。

5. 发票违规责任

合同中应注明，因发票违规给付款方造成的增值税、所得税等损失，由开票方承担有关责任。

总之，经济合同与纳税义务关系密切。控制税务风险应从源头抓起，即应从业务规划抓起、从合同抓起。

20. 视同销售的销项税能否所得税前扣除

《增值税暂行条例》有多项视同销售的规定，如果纳税人要视同销售，尽管收不到现金，财务可能也不确认收入，但是要计算一个销项税，与申报当期其他收入的销项税一起计算应纳增值税额。那么，视同销售计算的销项税能否在所得税前扣除？本文作者认为不能在所得税前扣除，本文结合一个案例分析此事。

一、一个案例

甲公司是增值税一般纳税人，2017年10月用一台设备对乙公司出资，设备的含税公允价值是117万元，可以结转的成本是80万元，甲公司给乙公司开具价款100万元、税款17万元的增值税专用发票。

甲公司10月份共缴纳增值税50万元，其中与出资设备有关的进项税是10万元，早在几个月前就已经抵扣了。

问题是，甲公司在计算2017年企业所得税应纳税所得时，是否可以将视同销售计算的17万元销项税在所得税前扣除？

二、哪些视同销售的情形涉及税前扣除的问题

根据《增值税会计处理规定》，企业发生税法上视同销售的行为，应当按照企业会计准则制度相关规定进行相应的会计处理，并按照现行增值税制度规定计算的销项税额（或采用简易计税方法计算的应纳增值税额），借记"应付职工薪酬""利润分配"等科目，贷记"应交税费——应交增值税（销项税额）"或"应交税费——简易计税"

科目，小规模纳税人则应计入"应交税费——应交增值税"科目。

以增值税一般纳税人、一般计税方法为例，几种常见的视同销售的具体处理如下：

1. 将自产、委托加工的货物用于集体福利或者个人消费

用于集体福利

借：应付职工薪酬——非货币性福利

贷：主营业务收入

　　应交税费——应交增值税（销项税额）

同时结转成本。

用于交际应酬消费等个人消费

借：管理费用——业务招待费等

贷：库存商品

　　应交税费——应交增值税（销项税额）

2. 将自产、委托加工或者购进的货物作为投资

具有商业实质

借：长期股权投资

贷：主营业务收入（或其他业务收入）

　　应交税费——应交增值税（销项税额）

不具有商业实质

借：长期股权投资

贷：库存商品（或原材料等）

　　应交税费——应交增值税（销项税额）

3. 将自产、委托加工或者购进的货物分配给股东或者投资者

借：利润分配、应付股利等

贷：主营业务收入（或其他业务收入）

　　应交税费——应交增值税（销项税额）

4.将自产、委托加工或者购进的货物无偿赠送其他单位或者个人

借:销售费用、营业外支出等

贷:库存商品(或原材料等)

　　应交税费——应交增值税(销项税额)

5.无偿转让无形资产或者不动产

借:营业外支出等

贷:无形资产、固定资产等(简化处理)

　　应交税费——应交增值税(销项税额)

我们可以看到,部分视同销售业务涉及增值税款能否在所得税前进行扣除的问题。

三、支持扣除的理由

支持扣除的理由主要是两条:

(一)法规依据

《企业所得税法实施条例》第31条明确,《企业所得税法》第8条可以扣除的税金,是指"企业发生的除企业所得税和允许抵扣的增值税以外的各项税金及其附加",也就是已经抵扣的增值税进项税不得在所得税前扣除,因此,销项税应该是可以税前扣除的。

(二)法理依据

甲公司视同销售的销项税17万元不是自购买方收取的,而是纳税人自己支付的,应该可以税前扣除。

上述两条理由,不能说没有道理,但是仔细分析还是站不住脚。

四、反对扣除的理由

反对扣除的理由,主要是基于以下几点:

（一）税前扣除的原则性规定

《企业所得税法》第8条规定了税前扣除的一般原则，即"企业实际发生的与取得收入有关的、合理的支出，包括成本、费用、税金、损失和其他支出，准予在计算应纳税所得额时扣除。"

如何理解"有关"与"合理"？《企业所得税法实施条例》第27条规定："……有关的支出，是指与取得收入直接相关的支出。……合理的支出，是指符合生产经营活动常规，应当计入当期损益或者有关资产成本的必要和正常的支出。"

如何理解"有关"的支出？这些支出，都应是为产生收入而发生的支出。销项税额是因为视同销售收入而派生的，不是导致收入的原因，而是收入的结果。

营业税也不是收入的原因，而是收入的结果，为什么可以税前扣除？因为营业税是价内税，是应税收入的组成部分。而增值税是价外税，收入中不包含增值税，也不是产生收入的原因，所以不能税前扣除。

（二）正常经营的销项税不得税前扣除

如果以税法允许扣除的税金是"允许抵扣的增值税以外的各项税金"为由，则正常经营的销项税也可以税前扣除了，这个逻辑显然是难以成立的。销项税因为在价格之外，不直接影响损益，所以，尽管没有抵扣的进项税计入成本，允许在税前扣除，但是，销项税没有在税前扣除的。

（三）已经扣除视同销售成本

《企业所得税法实施条例》第28条规定："除企业所得税法和本条例另有规定外，企业实际发生的成本、费用、税金、损失和其他支出，不得重复扣除。"根据企业所得税年度纳税申报表的附表《视同销售和房地产开发企业特定业务纳税调整明细表》《纳税调整项目明细表》，在确认视同销售的同时，相应确定视同销售成本，在税前扣除。也就是说，该税前扣除的已经扣除了；如果再扣除销项税，则会导致重复扣除。

再从增值税分析。与视同销售货物对应的进项税 10 万元已经抵扣，尽管视同销售的销项税是 17 万元，但是因为视同销售实际缴纳的增值税是 7 万元，即使不考虑所得税的规定，再在税前扣除 17 万元，也导致实际多扣除了。

综上分析，视同销售的销项税，无论从税法的既有规定还是税法的基本原理，都不应该在所得税前扣除。除非财税主管部门下发文件，明确可以税前扣除。

21. 自走逃企业取得的发票能否作为税前扣除凭证

案例：2018年3月，A公司自B公司购进货物，价税合计117万元，A公司按照合同提取货物，并支付款项，取得B公司开具的增值税专用发票，发票开具符合税法规定。A公司将购进的货物当月转售，并计算销项税，进项发票认证通过并抵扣进项税。2018年5月，A公司被税局告知B公司属于走逃企业，其自B公司取得的发票需要做进项税转出，且不得作为所得税税前扣除凭证。

问题：自走逃户取得的专票，有明确规定不得抵扣进项税，但能否作为所得税税前扣除的凭证？

本文结合走逃企业及税前扣除凭证的有关规定，分析自走逃户取得的发票能否作为所得税税前扣除的凭证。本文包括以下问题：

一、增值税有关走逃（失联）企业的规定

二、走逃（失联）企业开具的发票不一定是虚开

三、所得税税前扣除凭证的有关规定

四、异常凭证能否作为税前扣除凭证

五、如何预防异常凭证及税前扣除的风险

一、增值税有关走逃（失联）企业的规定

自 2016 年 12 月开始执行的《关于走逃（失联）企业开具增值税专用发票认定处理有关问题的公告》（国家税务总局公告 2016 年第 76 号，以下简称 76 号公告），规定了与走逃企业有关的增值税问题如何处理。

（一）走逃（失联）企业的判定

根据 76 号公告，走逃（失联）企业是指不履行税收义务并脱离税务机关监管的企业。

所以，走逃（失联）企业须同时具备两个条件：

一是不履行纳税义务；

二是找不到人了。

找不到谁，才算找不到人？

76 号公告规定，找不到企业相关人员，或尽管能找到代理记账或报税人员，但找不到实际控制人。

（二）走逃（失联）企业开具的发票属于异常凭证

76 号公告规定，走逃（失联）企业存续经营期间发生下列情形之一，则对应属期开具的增值税专用发票，列入异常增值税扣税凭证（以下简称"异常凭证"）范围。

1. 商贸企业

购进、销售货物名称严重背离的。比如购进电视，销售冰箱。

2. 生产企业

无实际生产加工能力且无委托加工，或生产能耗与销售情况严重不符，或购进货物并不能直接生产其销售的货物且无委托加工的。也就是生产企业销售的货物没有合理的来源。

3. 不申报或假申报

直接走逃失踪不纳税申报，或虽然申报，但通过填列增值税纳

税申报表相关栏次规避税务机关审核比对，进行虚假申报。

（三）什么时候开具的发票是异常发票

假定上文中的 B 公司成立于 2018 年 1 月，成立后到 7 月一直开票，在 5 月 15 日之前正常申报了以前月份的应纳税额，但是自 6 月份以后的增值税没有申报，也找不到人了，被税局认定为走逃（失联）企业。B 公司的经营符合上述异常凭证的特点，那么，是自 1 月到 7 月开具的全部发票都是异常凭证，还是仅 6 月、7 月开具的发票是异常凭证？

根据上述规定，走逃企业存续经营期间开具的发票，也就是 1 月到 7 月开具的发票都是异常凭证，不是仅仅走逃后开具的发票才是异常凭证。

（四）取得异常凭证企业的增值税处理

增值税一般纳税人取得被税局认为是异常凭证的发票，按照以下方式处理：

1. 暂不允许抵扣或退税

尚未申报抵扣进项税或申报出口退税的，暂不允许抵扣进项税或办理退税。

2. 已经抵扣，进项转出

已经申报抵扣进项税的，一律先作进项税额转出。

3. 已申请退税，暂缓办理

已经申请办理出口退税的，税务机关按照异常凭证所涉及的退税额，对该企业其他已审核通过的应退税款暂缓办理出口退税；无其他应退税款或应退税款小于涉及退税额的，可由出口企业提供差额部分的担保。

4. 符合规定，可继续抵扣或退税

76 号公告也不是将取得异常凭证的企业一棍子打死。在作出上述规定的同时也规定："经核实，符合现行增值税进项税额抵扣或出口退税相关规定的，企业可继续申报抵扣，或解除担保并继续办理出口退税。"

二、走逃（失联）企业开具的发票不一定是虚开

走逃（失联）企业开具的发票，是否一定是虚开增值税发票？

在各类税收违法行为中，虚开增值税专用发票是最严重的违法行为，因此轻易不能给纳税人扣这项帽子。

自2014年8月1日起施行的《关于纳税人对外开具增值税专用发票有关问题的公告》（国家税务总局公告2014年第39号，以下简称39号公告）规定，即使纳税人通过虚增增值税进项税额偷逃税款，但对外开具增值税专用发票同时符合以下情形的，不属于对外虚开增值税专用发票：

（一）实际提供了货物或服务

纳税人向受票方纳税人销售了货物，或者提供了增值税应税劳务、应税服务。

（二）实际收取价款

纳税人向受票方纳税人收取了所销售货物、所提供应税劳务或者应税服务的款项，或者取得了索取销售款项的凭据。

（三）开具发票合规

纳税人按规定向受票方纳税人开具的增值税专用发票相关内容，与所销售货物、所提供应税劳务或者应税服务相符，且该增值税专用发票是纳税人合法取得并以自己名义开具的。

（四）受票方可以抵扣税款

受票方纳税人取得的符合上述情形的增值税专用发票，可以作为增值税扣税凭证抵扣进项税额。

上述规定实际表达了这样的意思：尽管开票方通过假的进项发票偷逃增值税，但是其与受票方的交易是真实合法的，其开票给受票方的行为不是虚开发票，受票方也不是虚开发票，所以可以抵扣进项税。

当然，根据2016年下发的76号公告的规定，如果纳税人走逃，则其开具的专票暂不得抵扣进项税额；但根据39号公告的规定，如果符合上述三个条件，受票方可以抵扣进项税。

本文的目的是分析自走逃（失联）企业取得的异常凭证能否作为所得税税前扣除的凭证。因此，需要先看一下《关于发布〈企业所得税税前扣除凭证管理办法〉的公告》（国家税务总局公告2018年第28号，以下简称28号公告）的有关规定。

三、所得税税前扣除凭证的有关规定

28号公告自正反两方面对税前扣除凭证作了规定。

（一）可以作为税前扣除凭证的凭证

根据28号公告的规定，只要有发票或合同、付款凭证等证据证明支出是真实的、合法的，与应税收入有关的，就可以作为扣除凭证。

1. 税前扣除凭证的定义

税前扣除凭证，是指企业在计算企业所得税应纳税所得额时，证明与取得收入有关的、合理的支出实际发生，并据以税前扣除的各类凭证。

2. 税前扣除凭证的"三性"原则

税前扣除凭证在管理中遵循真实性、合法性、关联性原则。

真实性是指税前扣除凭证反映的经济业务真实，且支出已经实际发生；

合法性是指税前扣除凭证的形式、来源符合国家法律、法规等

相关规定；

关联性是指税前扣除凭证与其反映的支出相关联且有证明力。

3. 直接凭证发票及其他有关间接凭证

根据 28 号公告的规定，如果货物销售方或服务提供方是增值税纳税人，其收入也是增值税应税收入，应开具发票。也就是需要税前扣除的支付方，应凭发票作为税前扣除凭证。

28 号公告还规定，除发票外，企业还应将与税前扣除凭证相关的资料，包括合同协议、付款凭证、运费单据等留存备查，以证实税前扣除凭证的真实性。

(二) 不可以作为税前扣除凭证的凭证

28 号公告还规定了不得作为扣除凭证的情况：

1. 不合规发票

企业取得私自印制、伪造、变造、作废、开票方非法取得、虚开、填写不规范等不符合规定的发票（以下简称"不合规发票"），不得作为税前扣除凭证。

2. 不合规外部凭证

企业取得不符合国家法律、法规等相关规定的其他外部凭证（以下简称"不合规其他外部凭证"），不得作为税前扣除凭证。

四、异常凭证能否作为税前扣除凭证

28 号公告并没有规定自走逃（失联）户取得的异常凭证不得作为税前扣除凭证。能否作为税前扣除凭证，还得根据 28 号公告和实际情况具体分析。

(一) 异常凭证可以作为税前扣除凭证的情况

根据 28 号公告，异常凭证只要符合税前扣除凭证的要求，没有不得税前扣除凭证的情况，就可以税前扣除。

以本文开头 A 公司的情况为例，尽管其自 B 公司取得的发票被税局作为异常凭证管理，作进项税转出，但可以作为所得税税前扣除的凭证。理由是：

1. 符合税前扣除凭证的定义；

2. 具有真实性、合法性、关联性；

3. 有合同、付款凭证等其他证据；

4. 根据 39 号公告的规定，发票也不是虚开；

5. 发票本身、内容都是真的，开具是规范的，开票方也不是虚开，不具备不合规发票的条件。

因此，尽管 B 公司走逃，但是根据 28 号公告，无论从正反哪个方面、哪个角度，都找不到这张发票不得税前扣除的依据。A 公司的这张发票，可以作为税前扣除的凭证。

（二）异常凭证不得作为税前扣除凭证的情况

增值税规定的异常凭证，根据 28 号规定，满足以下条件之一，都不能作为所得税的税前扣除凭证：

1. 不符合税前扣除凭证的要求

不符合 28 号公告对可以扣除凭证的要求，如不满足"三性"要求。

2. 符合不合规发票的条件

28 号公告对不合规发票规定了诸多标准，碰上一点，就是不合规发票，就不能税前扣除。

五、如何预防异常凭证及税前扣除的风险

不和走逃户打交道是最保险的办法。虽然谁也不是火眼金睛，难以识别可能走逃的供应商，但也可以采取措施防止所得税的风险。

（一）给走逃（失联）企业画像

无论哪一行，都有自己的职业特点。笔者曾经在若干年前参加过国务院组织的打击骗取出口退税的工作，在上海进行的两个多月的检查中，查获的虚开发票企业都有一定的共性特点。如果供应商符合其中多项，最好不与其打交道。结合这些年来媒体报道的案例，走逃（失联）户有以下特点：

1. 成立时间短

干坏事，都是打一枪换一个地方。走逃户的工商执照显示其成立时间都比较短，一般不到一年或两年。

2. 商贸企业多

干坏事，都想赚快钱，不能有太大投入，不能有太长准备时间。因此，它多是商贸企业，不是生产企业。商贸企业跑了，连和尚带庙一起跑；生产企业跑得了和尚跑不了庙。

3. 人少业务大

干坏事，不需要太多人，但个个都是"精英"；一般销售额很大，人少干大事。

4. 经营范围广

其经营范围往往是什么都卖、什么都会；客户需要什么发票，就可以开什么。

5. 法人代表为挂名

走逃户工商执照上的法人代表，一般不是实际控制人；法人代表往往是挂名的，甚至找到法人代表后才发现其是七八十岁的老人。

（二）支付款项，依规开票

如果无法判定对方身份，在交易时不要有占便宜的心理。实际交易要与发票内容一致，按照发票价税合计，实际支付款项。除发票外，准备好其他凭证，如合同、付款凭证、运费单据等，形成证明交易真实、合法的完整证据链。

总之，无论纳税人还是税务局，在处理自走逃户取得的发票税前扣除问题上，还是要严格依照 28 号公告规定和事实依据判定能否税前扣除，不能主观臆断、一律不许。

22. 虚开增值税专用发票：判定、处罚、预防

在诸多税收违法行为中，虚开增值税专用发票是最严重的违法行为。对纳税人而言，也是风险最大但不得不经常面对的问题。本文根据税法、刑法的有关规定，分析以下七个问题：

一、增值税专用发票的特殊作用

二、如何判定虚开增值税专用发票

三、哪些行为不是虚开增值税专用发票

四、增值税专用发票有关犯罪行为的刑事责任

五、虚开增值税专用发票的涉税责任

六、自走逃（失联）企业取得的专用发票

七、如何防控虚开增值税专用发票风险

一、增值税专用发票的特殊作用

尽管多数读者知道增值税专用发票的作用,但为便于理解后面的内容,还是先介绍一下。

发票是商事凭证,一张发票几乎可以反映交易的全貌,如交易双方、交易对象、交易价格、交易日期等。税务局以票控税是对的。

增值税专用发票不仅是商事凭证,更是抵扣税款的凭证、少缴税的凭证。由于增值税实行凭发票抵扣税款的做法,进项税发票注明多少税额,就可以少缴多少增值税。百万元版的增值税专用发票,税款可以开到十几万元,纳税人就可以少缴十几万元的增值税,这是增值税专用发票具有的巨大诱惑之处,犯罪分子也因此可能通过虚开增值税专用发票牟利。

假定B公司向A公司开具一张价款100元、税款17元的专用发票,A公司向B公司支付2元。无论是A公司用于抵扣进项税还是申请出口退税,都可以少缴17元增值税,或得到17元退税,从而赚取15元。

对B公司而言,在金税工程有效实施之前,这张发票可能是自己印制或买来的,成本只有2分钱,也不用向税局申报。即使发票自税局购买,也向税局申报,但B公司也可以弄张假的进项发票抵扣税款,比如弄张进项税为16.5元的假票,向税局申报缴纳0.5元增值税,这样它还能赚取1.5元。B公司为了掩盖犯罪事实,也可以再设一个C公司和D公司,其与C公司、C公司与D公司交易都是真的,票也是真的,但总有一个环节是假的,不假就无法牟利了。金税三期上线后,B公司可能就在收钱开票后走逃了。

二、如何判定虚开增值税专用发票

1994年,我国对货物和加工、修理修配劳务开征增值税后,由于虚开发票犯罪的问题一度非常突出,"乱世用重典",全国人大和最高人民法院先后出台了非常严厉的规定。本文主要介绍《中华人民共和国刑法》(以下简称《刑法》)和最高人民法院的有关规定。

(一)《刑法》关于虚开的用途和类型

《刑法》分则第三章第六节"危害税收征管罪"一共12条,自第201条到第212条,都是有关涉税犯罪的规定,包括罪名、犯罪事实和刑事责任。与虚开专用发票有关的是第205条,该条规定:

"虚开增值税专用发票或者虚开用于骗取出口退税、抵扣税款的其他发票,是指有为他人虚开、为自己虚开、让他人为自己虚开、介绍他人虚开行为之一的。"

上述规定,实际上明确了虚开的两个用途和四种类型。

1. 虚开的两个用途

骗取出口退税;骗取抵扣税款。

2. 虚开的四种类型

为他人虚开;为自己虚开;让他人为自己虚开;介绍他人虚开。

从虚开的四种类型看,其范围非常宽泛。给别人牵线搭桥也是虚开,一不留神可能就碰了虚开的红线。

(二)最高人民法院关于虚开的定义

最高人民法院在1996年发布了《关于适用〈全国人民代表大会常务委员会关于惩治虚开、伪造和非法出售增值税专用发票犯罪的决定〉的若干问题的解释》(法发〔1996〕30号),明确了虚开发票的判定标准:

具有下列行为之一的,属于"虚开增值税专用发票":

(1)没有货物购销或者没有提供或接受应税劳务而为他人、为自己、让他人为自己、介绍他人开具增值税专用发票;

(2)有货物购销或者提供或接受了应税劳务但为他人、为自己、让他人为自己、介绍他人开具数量或者金额不实的增值税专用发票；

（3）进行了实际经营活动，但让他人为自己代开增值税专用发票。

根据上述规定，凡是开具的发票不能反映真实交易活动，无论是无中生有还是实中有虚，或者是他人代开，都是虚开专用发票。

三、哪些行为不是虚开增值税专用发票

由于虚开增值税专用发票是非常严重的违法犯罪行为，所以，判定是否是虚开发票需要非常慎重。

（一）构成虚开增值税专用发票的要件

从《刑法》和最高人民法院的解释可以看出，虚开专用发票属于行为犯，只要干了这个活，就犯了这个罪，至于罪行大小，再看开了多少金额和其他犯罪情节。构成虚开增值税专用发票，需要两个要件：

1. 虚开用途

虚开发票的用途必须是为了自己或他人骗取出口退税，或者是骗取抵扣进项税。

2. 虚开事实

有虚开发票的事实。也就是没有交易但开具发票，或者有交易但没有如实开具发票，或者由他人代开发票。

至于虚开后果，看实际导致国家税收遭受多大损失。

（二）不构成虚开增值税专用发票的情况

《关于纳税人对外开具增值税专用发票有关问题的公告》（国家税务总局公告2014年第39号，以下简称39号公告）关于不构成虚开的规定，实际就体现了上述要件。

根据39号公告，纳税人通过虚增增值税进项税额偷逃税款，但对外开具增值税专用发票同时符合以下情形的，不属于对外虚开增

值税专用发票：

1. 实际提供了货物或服务

纳税人向受票方纳税人销售了货物，或者提供了增值税应税劳务、应税服务。

2. 实际收取价款

纳税人向受票方纳税人收取了所销售货物、所提供应税劳务或者应税服务的款项，或者取得了索取销售款项的凭据。

3. 开具发票合规

纳税人按规定向受票方纳税人开具的增值税专用发票相关内容，与所销售货物、所提供应税劳务或者应税服务相符，且该增值税专用发票是纳税人合法取得并以自己名义开具的。

4. 受票方可以抵扣税款

受票方纳税人取得的符合上述情形的增值税专用发票，可以作为增值税扣税凭证抵扣进项税额。

上述规定描述的开票行为没有虚开目的，没有虚开事实，没有虚开后果，因此不是虚开。

但是，39号公告规定中的开票方通过虚增进项税偷逃税款，属于虚开发票的行为。

5. 不能让守法者替违法者弥补国家税收损失

甲公司向乙公司销售货物、收受款项、开具发票，一切都是合法的。如果甲公司自己通过虚增进项逃税，则不能因此否认其与乙公司交易及发票的合法性，不能让乙公司替甲公司弥补国家的税收损失。

39号公告体现的理念是有道理的。

虚开增值税专用发票，需要承担税收违法的补税罚款责任；情节严重的，承担《刑法》规定的刑事责任。

四、增值税专用发票有关犯罪行为的刑事责任

《刑法》中与增值税专用发票直接相关的条款有 5 条，具体包括第 205 条至第 209 条。每一条都规定了不同罪名和不同的处罚，其中第 205 条是直接针对虚开增值税专用发票的。下面简单介绍有关条款的规定。

（一）虚开增值税专用发票

《刑法》第 205 条规定，虚开增值税专用发票或其他发票，用于骗取出口退税、抵扣税款的，处 3 年以下有期徒刑或拘役，并处 2 万元以上 20 万元以下罚金；数额巨大的，可处无期徒刑。

（二）其他有关犯罪行为

根据《刑法》的规定，与增值税专用发票有关的犯罪活动，除第 205 条规定的虚开外，第 206 条至第 209 条还规定了其他有关犯罪行为，包括：

伪造或出售伪造的增值税专用发票；

非法出售增值税专用发票；

非法购买增值税专用发票或购买伪造的专用发票；

伪造、擅自制造，或出售伪造、擅自制造的可用于骗取出口退税或抵扣税款的其他发票。

上述犯罪行为都有可能被处以几年有期徒刑；有些犯罪行为如果情节严重，最高也可能被判处无期徒刑。

五、虚开增值税专用发票的涉税责任

虚开发票一般涉及双方——开票方和受票方，下面根据有关规定分别介绍不同情况下各自的责任。

（一）受票方取得虚开的专用发票

根据《国家税务总局关于纳税人取得虚开的增值税专用发票处

理问题的通知》(国税发〔1997〕第 134 号),受票方取得虚开的专用发票,根据是否抵扣税款,有不同的处理方式。

1. 已经抵扣税款或申请退税

如果已经申请抵扣进项税或申请退税,按照偷税或骗取出口退税处理。

2. 未申报抵扣和申请退税

如果没有申报抵扣和申请退税,按照《中华人民共和国发票管理办法》的规定予以惩罚。

(二)开票方虚开的补税责任

假定 A 公司给别人虚开增值税专用发票,价税合计 117 万元,其中价款 100 万元、税款 17 万元。根据是否申报了 17 万元的销项税,对其处理也是不一样的。

《关于纳税人虚开增值税专用发票征补税款问题的公告》(国家税务总局公告 2012 年第 33 号)规定:

纳税人虚开增值税专用发票,未就其虚开金额申报并缴纳增值税的,应按照其虚开金额补缴增值税;

已就其虚开金额申报并缴纳增值税的,不再按照其虚开金额补缴增值税。

六、自走逃(失联)企业取得的专用发票

伴随着"营改增"的金税三期上线后,许多纳税人被税局告知其进项税发票有问题,需要进项税转出。这类发票一般是自走逃户取得的。《国家税务总局关于走逃(失联)企业开具增值税专用发票认定处理有关问题的公告》(国家税务总局公告 2016 年第 76 号,以下简称 76 号公告)规定了与走逃(失联)企业有关的涉税问题如何处理。

（一）简要回顾

在前一篇文章中，作者详细分析了走逃（失联）企业的判定、走逃（失联）企业开具的发票属于异常凭证、什么时候开具的发票是异常发票、取得异常凭证企业的增值税处理等问题，此处不再赘述。

（二）进项税转出，是否补缴滞纳金

取得被认定为异常凭证的发票，企业已经申报抵扣进项税的，一律先作进项税额转出，不补滞纳金。纳税人没有依法及时申报纳税，补税时需要补缴滞纳金，但是进项税转出不是这种情况。抵扣进项税时是可以的，只是后来又发生了不得抵扣的情形，才进项税转出。

这个问题可以参考《国家税务总局关于纳税人善意取得虚开增值税专用发票已抵扣税款加收滞纳金问题的批复》（国税函[2007]1240号）的规定：纳税人善意取得虚开的增值税专用发票被依法追缴已抵扣税款的，不属于税收征收管理法第三十二条"纳税人未按照规定期限缴纳税款"的情形，不适用该条"税务机关除责令限期缴纳外，从滞纳税款之日起，按日加收滞纳税款万分之五的滞纳金"的规定。

（三）异常凭证不一定是虚开

自走逃（失联）企业取得的异常凭证，不一定是虚开。前一篇文章已经作了详细分析，现在简要概括如下：按照39号公告的规定，只要有实际交易、实际收取价款、开具发票合规，就不是虚开增值税专用发票，就应属于76号公告规定的经核实符合抵扣条件，购进方就可以抵扣进项税。

七、如何防控虚开增值税专用发票风险

为有效防控虚开增值税专用发票，需要从以下几个方面入手：

（一）筑牢思想防线

增值税专用发票不但是红线，更是高压线；不但不能碰，想都不要想。

（二）慎重选择乙方

不和有可能走逃的企业开展业务。走逃的企业，一般有成立时间短、业务范围广、人少业务大、法人为挂名等特点。选择供应商时，尽管难以彻底识别，但是适当留心一下还是有帮助的。

（三）全额支付款项

将价款和税款全部支付给对方，即使对方走逃，也可以证明自己没有逃税的主观故意，证明自己符合39号公告的规定。这不但有助于避免被追究虚开发票的责任，还可以争取抵扣进项税。

（四）取得普通发票

如果对供应商不放心，又不得不开展业务，可以要求对方开具增值税普通发票，避免潜在的风险。

总之，虚开增值税专用发票的风险，只要提高认识、采取有效措施，还是可防可控的。

23. 影视行业的涉税问题：依法自查，控制风险

因某明星阴阳合同引发的涉税问题，在对当事人的处理明确之后，国家税务总局紧跟着下发了《关于进一步规范影视行业税收秩序有关工作的通知》（税总发〔2018〕153号，以下简称153号文），要求影视制作公司、经纪公司、演艺公司、明星工作室等企业及影视行业高收入从业人员，对2016年以来的申报纳税情况进行自查自纠。上述被重点关注的公司到底涉及哪些税收问题？如何确定各自的纳税义务和扣缴义务？本文基于影视行业的业务模式，分析其收入性质及有关的涉税问题。重点分析影视制作公司和演员个人的增值税、企业所得税、个人所得税。

一、影视行业基本业务模式

二、影视制作公司的涉税问题

三、演员的涉税问题

四、依法自查，不当典型

一、影视行业基本业务模式

目前,影视产业链的核心环节主要包括影视作品的投资、制作、发行和放映(电视台、网络平台、院线及影院)。收入来源主要分为出售拷贝、播放权收入、票房收入、广告收入和衍生品开发收入等。

(一)电影业务模式

1. 电影业务流

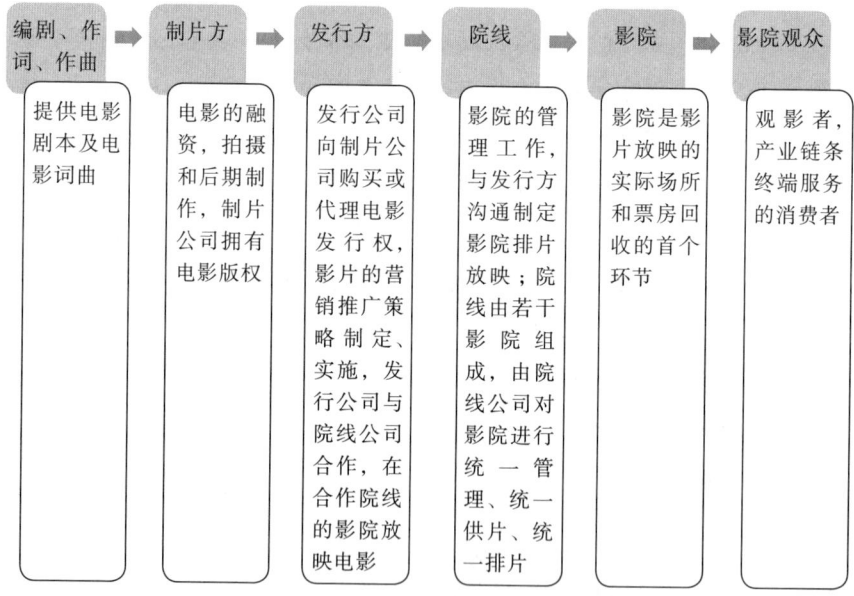

其中剧本和词曲可为制片方自行准备。

2. 电影现金流

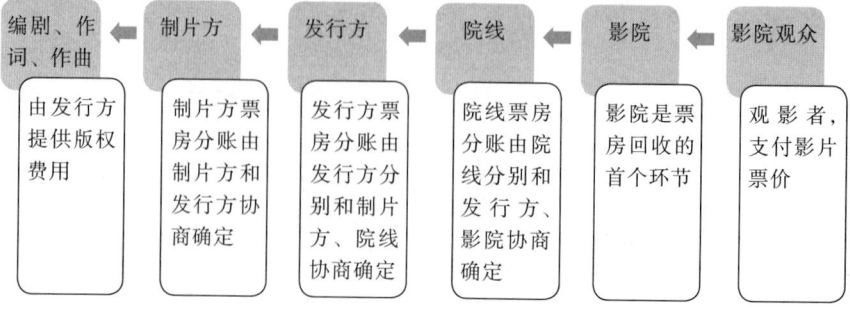

国产分账影片票房总收入分配过程中，制片方和发行方分账比例一般不低于分账票房的43%，院线和影院分账比例一般不超过50%，电影发展基金占比约为5%，其余为税费。

（二）网络剧业务模式

1. 网络剧业务流

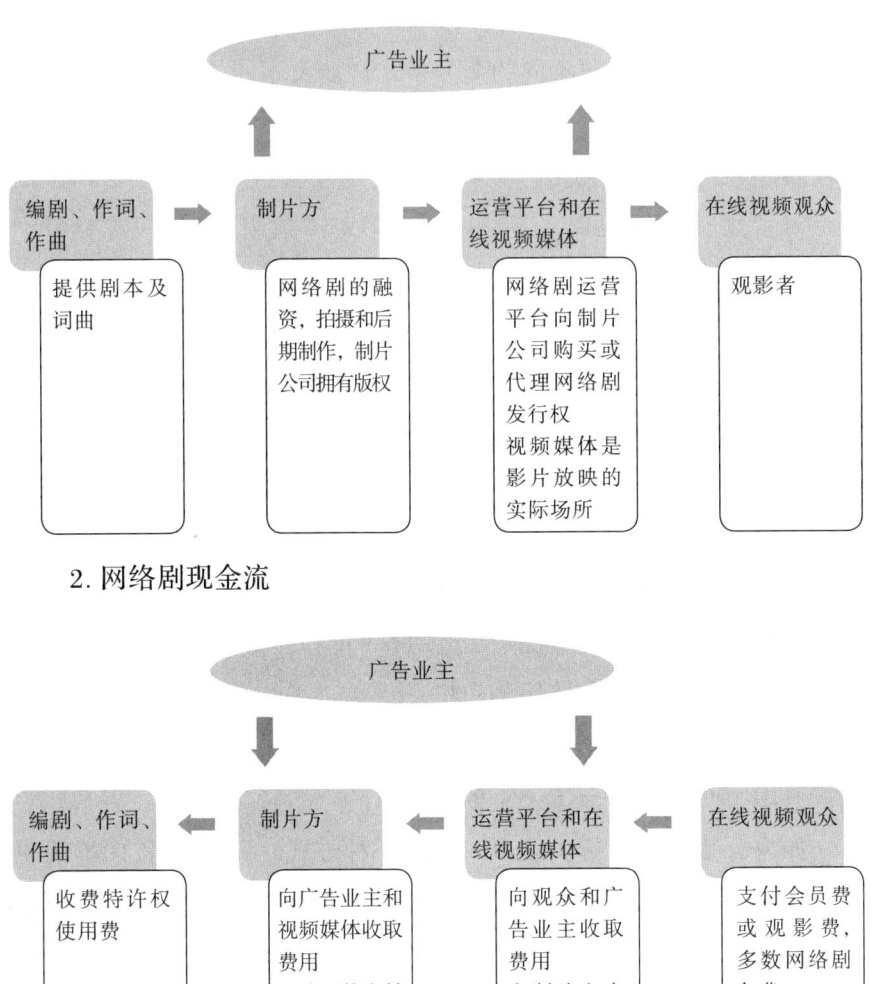

2. 网络剧现金流

网络剧作为网络时代新兴产业之一,业务链条主要包括广告业主、制片方、网络剧运营平台和在线视频媒体、在线视频用户等主体。与电影产业不同的是,主要费用的承担者不是观众,而是广告业主。

二、影视制作公司的涉税问题

业务决定税务,业务性质决定收入性质、决定纳税义务。以电影为例,影视制作公司不同的业务模式,涉及不同的税收问题。

(一)增值税

增值税的问题主要是,其收入是应该按照销售货物适用 10% 的税率计算增值税销项税,还是按照无形资产适用 6% 的税率计算增值税销项税。

1. 销售拷贝及其他衍生品

如果是销售拷贝(包括数字拷贝)或其他属于货物的产品,按照销售货物适用 10% 或 16% 的税率计算增值税销项税。拷贝,一直是按照货物征收增值税的。

2. 转让著作权

按照关于"营改增"的财税〔2016〕36 号文的规定,转让著作权收入属于销售无形资产收入,适用 6% 的税率。

3. 票房分账是否是转让著作权?

票房分账收入是影视公司的主要收入,它是什么性质的收入?应该适用 10% 的税率还是 6% 的税率?

如果分账是销售拷贝收取对价的一种方式,则应适用 10% 的税率;如果是因转让著作权的使用权而取得对价的一种方式,则应适用 6% 的税率。

与网络剧相比,电影行业相关企业目前可以享受比较优惠的增值税政策。2014 年 1 月 1 日至 2018 年 12 月 31 日,新闻出版广电行政主管部门（包括中央、省、地市及县级）按照各自职能权限批准从事电影制片、发行、放映的电影集团公司（含成员企业）、电影制片厂及其他电影企业取得的销售电影拷贝（含数字拷贝）收入、转让电影版权（包括转让和许可使用）收入、电影发行收入以及在农村取得的电影放映收入免征增值税。一般纳税人提供的城市电影放映服务，可以按现行政策规定，选择按照简易计税办法计算缴纳增值税。

4.增值税的风险及控制

影视公司增值税的风险，分为销项税的风险和进项税的风险。

（1）销项税的风险及控制

销项税的风险，主要是适用税率错误，少计算或多计算销项税的风险。例如，把应适用10%税率的收入，按照6%的税率计算销项税；或者把应适用6%税率的收入，按照10%的税率计算销项税。

为控制上述风险，需要在合同中明确交易的对象，明确双方的权利和义务。如果根据合同就可以毫无疑义地认为是转让著作权的使用权或所有权，则适用6%的税率；如果被认为是销售拷贝，则应适用10%的税率。

（2）进项税的风险及控制

影视公司基本上是一般纳税人，其支出如果可以取得增值税专用发票，则可以抵扣进项税、降低拍摄成本。但是许多支出，比如支付给编剧、词曲作家、群众演员等的费用无法取得发票，无法抵扣进项税，从而增加了制作成本。

影视公司的成本中，很大一部分是支付演员的报酬。如果报酬是支付给明星所在的工作室，或作为股东的个人独资企业，或作为合伙人的合伙企业，由于工作室、个人独资企业、合伙企业都是增值税纳税人，有的还是一般纳税人，应要求收款方开具6%的增值税专用发票。对方开具发票，也没有增加其增值税负担，但是降低了自己的成本。

（二）企业所得税

对制作公司而言，其无论何种性质的收入，无论适用何种增值税税率的收入，都属于所得税应税收入。因此，收入的所得税风险相对小一些。

其所得税风险主要在于支出无法取得相应发票，无法足额在税前扣除，导致多交所得税。但是这种情况自 2018 年 7 月 1 日起有望缓解。根据自 2018 年 7 月 1 日开始执行的《企业所得税税前扣除凭证管理办法》，支付给个人的费用，如果保留合同、签收单据、支付凭证等凭证，从各个角度证明对个人的有关支出确实合法真实地发生了，也可以在所得税税前扣除。

（三）个人所得税扣缴义务

根据个人所得税法的规定，影视制作公司向个人支付工资、劳务费、著作权费等时，应依法扣缴个人所得税。如果不履行扣缴义务，根据税收征管法的规定，制作公司可以被处以应扣缴税额 50% 到 3 倍的罚款。

但是，个税的扣缴义务仅限于直接支付给个人。如果是与有关演员、编剧、词曲等个人拥有的工作室、合伙人企业等签署合同，将款项支付给工作室等，则没有扣缴义务。

综上所述，无论是为了控制增值税风险，还是企业所得税风险、个人所得税风险，都最好与有关演员、编剧等的公司签署合同。这样既便于取得发票，也能减少个税的扣缴义务及风险。

至于影视公司其他的涉税问题，比如销售拷贝、转让著作权的印花税等，本文不再分析。

三、演员的涉税问题

演员、编剧、词曲作者等,都涉及诸多税收问题。本文以演员为例,根据演员不同的身份,分析演员收入的性质及个税的义务。

(一)雇员身份,取得工资薪金

如果演员是制作公司的雇员,因参加拍摄电影,无论是以何种形式取得收入,都属于工资薪金。在2018年12月31日之前,按照工资薪金,最高适用45%的税率计算个人所得税,由单位代扣代缴。在2019年1月1日之后,工资薪金属于综合所得,每月单位继续代扣,但是年度结束则按照一年计算总的应纳税额。

(二)独立个人劳务,取得劳务报酬

如果演员不是制作公司的雇员,而是用个人的名义、以个体户的身份与制作公司就拍摄某部电影签署合同、取得收入,这属于劳务报酬。在2018年12月31日之前,由制作公司在支付报酬时,按照劳务报酬代扣个税,最高适用40%的税率。自2019年1月1日起,劳务报酬应该还是由支付方代扣代缴,但是劳务报酬属于新个税法中的综合所得。一年结束,如果还有工资薪金、稿酬所得、特许权使用费等,应合并在一起;如果没有这些,也按照一年计算应纳税额。

(三)工作室的合伙人,合伙企业投资收益

如果与制作公司的合同是由演员自己的工作室签署,工作室又采用合伙企业的组织形式,演员是工作室的合伙人,则自工作室取得的收入,或者是以工作室雇员身份取得的工资,或者是以工作室合伙人身份取得的收益。如果是取得工资,则工作室负责按照工资代扣代缴个税;如果是以合伙人身份取得收益,则由工作室按照个体户生产经营所得扣缴个税,最高适用35%的税率。

当然,正常情况下应该是既以工资的形式取得收入,又以合伙企业取得收益的方式取得收入。

四、依法自查　不当典型

某个行业出现重大问题后，一般会采取整顿措施，甚至抓几个典型，以儆效尤。影视行业此次的涉税问题影响巨大，社会关注度高，后续走势难以预料，广大影视行业的公司、个人，尤其是大牌的公司和从业人员，应认真学习153号文，依法自查，不当典型。

（一）纳税人和税务局各自检查时间

纳税人自查的时间，自2016年开始，在2018年12月底之前补税。但是税务局结束此项工作的时间是2019年7月底，因为税局在自查的基础上，还会抽查。

（二）处罚的三种情况：不罚、轻罚、重罚

根据153号文，税务局对存在问题的纳税人，将根据自查结果，分为不罚、轻罚、重罚三种情况处理。

如果在2018年12月底之前，自查自纠、主动补税，则免于处罚。

在2019年1月到2月，税局根据自查自纠情况发现没有如实补税的，提醒纳税人继续补税；如果纳税人补税，可以从轻处罚。

在2019年3月到6月，税局将进行抽查，发现少缴税的将予以重罚。

除了重罚之外，还可能追究其刑事责任。按照《刑法》的规定，涉税犯罪最高可以判处无期徒刑。

由于税法非常复杂，纳税人自查难以彻底发现问题，聘请专业的税务师事务所帮助自查是避免被重罚的有效措施，更有助于今后从业务模式、合同签订、发票开具等方面控制涉税风险。

24. 税局被判败诉　是非值得分析

唐山市中级人民法院2018年9月20日的《行政判决书》（[2018]冀02行终字第474号）终审判决河北省税务局、唐山市税务局稽查局败诉。根据判决书的内容，控辩双方的理由均有值得分析的地方，也有值得纳税人和税务局吸取教训的地方。尽管税局被判决败诉，但其他纳税人切不可以此案判决为依据，也效仿当事人采用购买发票的方式套取资金。尽管判决书很长，双方理由也很复杂，但是非曲直基本是清楚的。本文包括以下问题：

一、本案有关事实

二、税务局的意见

三、纳税人的意见

四、主审法院的意见

五、如何判定纳税义务——以本案为例

六、此事如何处理更妥当？

七、本案对纳税人和税务局的启示

一、本案有关事实

某央企在河北的公司(以下简称纳税人)因工资制度无法保证员工及时拿到工资,就采取从劳务派遣公司虚开发票的方式套取资金,用于发放职工工资。自2008年至2013年,虚开发票1.4亿多元,支付开票方虚开发票款347万多元。根据判决书,纳税人通过套取资金发放的工资,最终并没有超过按照工资制度应该发放的数额,但是以工资的名义在所得税税前扣除了。

唐山市税务局稽查局检查发现后,认为纳税人的行为构成偷税,对纳税人下达了《税务行政处理决定书》(冀唐国税稽处〔2017〕101号),决定追缴其企业所得税3742万多元。纳税人不服,向河北省国税局提起复议,河北省国税局以《行政复议决定书》(冀国税复决字〔2017〕3号)维持了唐山市国税局的决定。

纳税人向唐山市路北区人民法院提起行政诉讼,区法院判决税局败诉,作出三项判决:一是撤销唐山市国税局稽查局的处理决定;二是撤销河北省国税局的行政复议决定;三是责令唐山市国税局稽查局重新作出处理决定。

唐山市国税局稽查局与河北省国税局不服一审法院的判决,向唐山市中院提起上诉,结果二审法院驳回上诉,维持原判。二审受理费100元,由上诉人唐山市税务局稽查局和河北省税务局各负担50元。

二、税务局的意见

两级税务局在一审和二审中均认定纳税人偷税,应该补税,理由如下:

一是《企业所得税法实施条例》第34条规定,纳税人发放的工资,只有在被税法评价为"合理的工资薪金"时,才允许在税前扣除。

二是根据《企业所得税法》第 8 条、《企业所得税法实施条例》第 34 条、《国家税务总局关于企业工资薪金及职工福利费扣除问题的通知》(国税函 [2009] 3 号,以下简称 3 号文),通过套取资金发放的工资,不属于税法规定的"合理工资"范畴。

三是纳税人明知违反企业工资薪金制度,仍通过违法违规方式虚构业务、虚开发票、虚假记账、虚假申报,根据《税收征管法》第 63 条的规定,其行为属于偷税无疑。

三、纳税人的意见

纳税人认为可以税前扣除的理由有以下几条:

一是通过虚开发票套取资金发放的工资,属于纳税人负担的与生产经营活动有关的成本。

二是虚开发票行为,并不必然导致虚开发票所载成本不能被扣除,只有虚开发票所载金额不属于企业真实成本支出的,才不能税前扣除。其依据是《企业所得税税前扣除凭证管理办法》(总局 28 号公告)第 13 条体现的精神。如果纳税人有证据证明支出真实且实际发生,仍可以在税前扣除。

三是人民法院审理行政案件,以法律、行政法规、地方性行政法规为依据,参照规章。而 3 号文连规章都算不上,仅仅是其他一般规范性文件,法院无须参照 3 号文,且 3 号文关于工资薪金的规定缩小了纳税主体的权利范围,违反了《企业所得税法实施条例》等上位法。

四是纳税人实质上并没有给国家或他人造成损失,也没有获取利益,相反须额外支付管理费用(注:应该指给开票方的 300 多万元)。根据实质优于形式的原则,该劳动报酬没有明显不合理的理由,应允许税前扣除。

四、主审法院的意见

尽管原告和被告双方的意见都很复杂，但法院的意见干脆利落，具体如下：

一是税局认为纳税人支付的工资不合理，但没有提供充分证据，应承担举证不能的法律责任；纳税人给职工的工资合法又合理。

二是资金来源违法，并不能认为发放工资违法。税局根据资金来源违法就否定支付工资的合理性，不符合《企业所得税法》第8条的规定，证据不足，作出的处理决定依法予以撤销。

一审法院基于以上理由，判决税局败诉。二审法院维持原判，税局二审再次败诉。

五、如何判定纳税义务——以本案为例

本案中，税局与纳税人的理由均有瑕疵。

（一）税法是判定纳税义务的唯一标准

税局与纳税人的分歧，许多时候是因为看问题的角度不一样，说话不在一个频道上。税务局通常从税法的角度，而纳税人则从情理、会计准则的角度。税法是判定纳税义务的唯一标准，如果脱离税法从其他角度看问题，就不是依法征税、依法纳税、依法治税了。

（二）税法的结构与逻辑

正确判定纳税义务，需要正确认识税法体系的结构和逻辑。

1. 税法体系的结构

任何一个税种的法规体系，都呈现出层级结构。以企业所得税为例，最高层级是《企业所得税法》，这是法律；第二层级是《企业所得税法实施条例》，这是行政法规；第三层级是财政部和税务总局制定的部门规章；第四层级是税务总局制定的操作性文件，或者是部门规章，或者是规范性文件。

法律和行政法规一般原则性规定纳税人的义务和权利，尤其是纳税义务。部门规章在一般法规的基础上，就法律、行政法规规定的有关原则问题作出进一步解释，或作出有关减免税的规定。但是，这些部门规章都会按照法律、法规的规定，完成必要的法律程序，其合法性通常是没有问题的。

2. 工资扣除的法规体系

以工资的扣除为例，《企业所得税法》第8条是关于扣除的原则性规定："企业实际发生的与取得收入有关的、合理的支出"。《企业所得税法实施条例》第34条进一步明确："企业发生的合理的工资薪金支出，准予扣除。"但是没有明确如何掌握"合理的工资薪金"。3号文进一步明确如何掌握"合理的工资"，如必须扣缴个税等。就国有企业而言，还有工资总额的问题，发放的工资超过政府部门核定的工资总额，也不得扣除。实际也是认为，如果超过核定的额度就不合理了。

本案的当事人是央企，工资的税前扣除在适用3号文关于合理性的一般规定外，还适用不得超过限额的规定。

3. 判定纳税义务的逻辑

基于税法的体系结构，判定纳税义务的基本原则是，先看所得税法和实施条例的一般规定，再看特殊规定。有特殊规定，执行特殊规定；没有特殊规定，执行一般规定。以减免税为例，可进一步细分为以下四种情况：

第一，如果根据法律、法规，纳税人有纳税义务，部门规章没有减免税的规定，纳税人应该纳税。

第二，如果根据法律、法规，纳税人有纳税义务，但是部门规章有减免税的规定，纳税人可以减免税。

第三，如果法律、法规有减免税的规定，不需要主管部门制定可操作的文件，纳税人可以直接减免税。

第四，如果法律、法规有减免税的规定，但是需要主管部门制定操作文件，而纳税人不符合操作文件的规定，或者还没有操作文件，纳税人不能减免税。

具体到本案的工资能否扣除，税法在有关于扣除的一般规定外，还有关于工资合理性的具体规定，因此，应主要基于3号文进行判断。

（三）本案需要区分的几个问题

从判决书的内容看，有几个问题似乎混淆在一起了。

1. 工人有权取得工资不等于纳税人有权税前扣除

工人及企业的其他员工为企业工作，理应按照规定取得工资，至于资金来源，是另外一个问题。但即使工人有权取得工资，也不意味着纳税人有权税前扣除，这是两回事。工资体现的是劳动者与企业之间的劳动关系，扣除体现的是纳税人与税务局之间的征纳关系。

2. 纳税人实际负担工资也不意味着可以税前扣除

税法体系是由法律、法规、规章等共同组成的，判断问题，不能仅仅看税法和实施条例的规定。以工资的扣除为例，尽管《企业所得税法实施条例》规定合理的工资薪金可以扣除，但是3号文规定必须扣缴个税；对国有企业而言，超过上级部门规定的限额部分也不得扣除。所以说，纳税人实际负担的工资，不意味着就可以扣除。

3. 3号文没有缩小纳税人的权利

国税函〔2009〕3号文是否缩小了纳税人工资税前扣除的权利？是否违反了作为上位法的所得税法及其实施条例？《企业所得税法》第8条一般性地规定："企业实际发生的……合理的支出，……准予在计算应纳税所得额时扣除。"其《实施条例》第34条规定："企业发生的合理的工资薪金支出，准予扣除。"二者都没有对如何判定"合理的工资薪金"作出具体规定。3号文是在上述规定的基础上，进一步明确了可以操作的标准，不能说违反了上位法。

4. 实质重于形式不是判定纳税义务的原则

实质重于形式是会计的原则，但不是判定纳税义务的原则。没有哪条税法规定可以按照实质重于形式原则判定纳税义务。

（四）纳税人能否税前扣除有关工资

纳税人的做法违背会计法和税法的有关规定是有问题的。但是税局完全否定纳税人扣除的权利，也确实缺乏充足的税法依据。

1. 工资的合理是法定的合理

尽管税法规定合理的工资薪金可以税前扣除，但工资的合理，是法定的合理，不是通常理解的合理。对国有企业工资扣除而言，超过核定部分发放的工资就不让扣除，实际就是认为其不合理。本案的纳税人在上级部门还没有核定工资总额的情况下，就先套取资金，然后发放并在税前扣除，显然违背3号文关于工资总额的规定。

2. 28号公告强调凭证的合法性

28号公告尽管自2018年7月1日起执行，但其基本规定体现了税法的基本原则，纳税人也以28号公告作为依据，但是28号公告恰恰规定："税前扣除凭证在管理中遵循真实性、合法性、关联性原则。"

3. 不同情况不同定论

本案中纳税人实际发放的工资，如果在年度汇算清缴前，上级公司已经核定工资总额，实际发放的工资也在核定的数额以内，是可以扣除的。

但如在上级公司核定数额之前，就在年度申报时将用套取资金发放的工资扣除，不符合3号文的规定，税局要求补税是应该的。

六、此事如何处理更妥当？

对纳税人和税务局而言，此事本可以处理得更好一些。

（一）纳税人如何处理更好？

纳税人的做法只要适当调整一下，就可以控制风险。

将套取资金发放的工资与税前扣除分离，也就是通过套取资金发放的工资，如果在汇算清缴结束前没有得到上级主管部门的认可，先不要在税前扣除；等上级主管部门认可后再追补扣除。这样，所得税税前扣除的风险就可以有效规避。

（二）税务局如何处理更好？

本案中，套取资金发放工资，首先是内部财务管理问题，将工资税前扣除才是税务问题，这两个问题应分别来看。

对央企而言，工资的扣除，除了3号文一般性的规定外，是否超过上级部门核定的总额，这才是问题的关键。如果工资扣除当年，实际发放工资超过了核定的数额，或者还没有核定，则比规定多发的部分就不得扣除。但是工资总额核定后，即使汇算清缴已经结束，按照税法也应允许纳税人追补扣除。

如果税局将套取资金和工资扣除分开来处理，也许矛盾不至于激化到法庭见的地步。

七、本案对纳税人和税务局的启示

本案的判决，无论对纳税人还是税务局，都有一定的启示。

（一）对纳税人的启示

对纳税人，可以有以下三点启示：

1. 可以依法维权

如果认为税局征税缺乏法律依据，可以依法维权。税法不仅仅规定纳税人的纳税义务，也规定纳税人的各种权利。

2. 不可仿效这种做法

尽管法院判决税局败诉，但是其他地方的纳税人不应仿效这种虚开发票套取资金的做法。我国不实行判例法，再打官司，纳税人未必赢。

而且，故意接受虚开发票面临的不仅仅是企业所得税的风险，还面临增值税的风险。如果虚开的是增值税专用发票，严重的还可能会涉及刑事责任。

3. 通过合法途径解决问题

公司的各种制度难免有不适应实际需要的地方，遇到这种情况，还是要通过合法途径解决，不能通过非法的方式。结果再正确也不能完全抵消程序违规的错误。

（二）对税务局的启示

对税务局而言，两级税务局两次审理都败诉也不多见，从中也应得到如下启示：

1. 区分不同性质的问题

本案中，纳税人通过虚开发票套取资金，这首先是内部管理问题。如果纳税人以虚开发票上的名义虚列支出，导致少缴税款，这就变成了税收问题，判定为偷税符合征管法的规定。但是，套取的资金是用来发放工资了，纳税人也以工资的名义扣除，再判定为多列支出、少缴税款，就有点牵强了。

还是要将不同性质的问题进行区分处理。

2. 找准问题的关键

本案中，税局将反驳的重点放在了是否"合理"上，而其实关键是纳税人当年税前扣除的工资是否超过了当年应该发放的工资，如果当年的工资总额还没有确定，只能按照可以发放的基本工资扣除。

分析问题抓不住要害，不但自己容易陷入误区，也难以驳倒对方。

3. 形成税法之间的链条

工资扣除的问题主要是3号文规定，而纳税人认为3号文违反上位法；法院的判决根本就没有参考3号文，也许与纳税人的意见有关。但是3号文却是税局的重要依据，如果明确税法、实施条例、3号文之间的层层递进关系，明确3号文与上位法的一致性，让法院认可3号文的合法性，也许不会导致目前的败局。

展　望

25. 全面认识税负　双向调整税负

过去几年,政府一直在努力降低税负,但是税收收入却在大幅度增加,税负重的声音也不绝于耳。到底如何认识税负的变化?能否进一步降低税负?本文分析以下四个问题:

一、影响税负的三个因素

二、为什么税收增幅快于 GDP 增幅

三、澄清两个与税负有关的误区

四、税负有减有增的双向调整

展　望

一、影响税负的三个因素

税负可以用不同的指标衡量，比如常用税收占 GDP 的比重衡量宏观税负，对指标设计问题，本文不做详细分析。影响税负轻重的有三个因素：税制设计、征管能力、经济环境。过去几年，这三个因素对税负的影响可以概括为：税制设计减税、税收征管增税、环境感觉重税。

（一）税制设计减税

从税制设计看，影响税额多少的、税负轻重的，主要是两个因素：计税依据、征税税率。企业所得税、增值税是主体税种，财税主管部门这些年来无论是从计税依据还是税率方面，都制定了不少减税措施，有的则是直接减免或抵免税额。

企业所得税 25% 的税率尽管没有变，但是出台了大量缩减税基的措施，比如降低重组优惠门槛、扩大重组优惠范围，几乎各种重组类型都可以享受所得税特殊重组待遇；扩大境外所得税抵免的层级数，允许凭分割单抵免境外所得税等。此外，科研设备加速折旧、提高职工教育经费扣除比例、提高小微企业优惠力度等，都是减税措施。

"营改增"的全面实施，原增值税一般纳税人由于可以抵扣进项税，降低了成本、增加了盈利能力。原营业税纳税人，尽管暂时会有税负增加的可能，但是随着"营改增"的实施，减税效应也将逐步显现。增值税率的下降、简易征收范围的扩大，都可以降低税负。

所以，从制度设计看，税负在下降，这一点不能否认。

（二）税收征管增税

但是实际税负的轻重不仅仅取决于税制设计，也取决于征管能力。税务局在通过"放管服"降低纳税人遵从成本的同时，也通过金税三期的实施、税收制度的完善、内部管理的改革，不断提高征管能力。

金税三期的实施，极大提高了税务局征管的技术手段，将纳税人的经营活动置于税务局的严密监控之下，通过假发票或做假账偷漏税的空间被不断压缩。

税收制度的不断完善，也堵塞了征管的漏洞。比如购进农产品的纳税人，增值税的计算由购进扣税法改成实耗法，堵塞了虚开收购发票偷税的漏洞。成品油消费税的规定，也杜绝了通过变换品名偷逃消费税的非法行为。成品油消费税政策2018年调整后，仅上半年，某税局自当地炼化企业征收的成品油消费税增幅就高达94%。

税收管理体制的改革，也使与纳税人被处罚有关的工作流程更加透明、更加民主，一个人说了算的情况越来越少见，人情税、关系税也越来越没有土壤。

税收征管增税，符合依法治税的大方向，应坚定不移贯彻。

（三）环境感觉重税

税负高低既是一个客观的数据指标，也是一种感觉。在经济快速发展时期，产销两旺，企业盈利能力强、负担能力强，即使多缴税，可能也不感觉太重。经济环境差时，企业的负担能力下降，即使实际负担没有加重，也可能因负担能力下降导致感觉税负相对加重。

过去的几年，伴随着去杠杆去产能等供给侧结构性改革的推进、环保等压力的加大、经济增速的下行、国际经济环境的恶化，许多企业盈利能力下降、负担能力也在下降。

在制度减税的情况下，税负重的呼声更大，这与负担能力下降有一定关系。尽管耳朵里听到的都是税重的声音，但是也不能得出纳税人税负都加重了的结论。税负下降的，不会主动说；沉默的大多数，税负未必增加。所以，听到的声音，未必是所有人的声音。

二、为什么税收增幅快于 GDP 增幅

有学者根据 2018 年上半年税收增幅和 GDP 增幅的差距,就得出结论说,上半年不但没有减税,还多收了几千亿的税。这种把税收和 GDP 的关系当成等比例的线性关系的做法,本身就经不起推敲。

即使不考虑税收是现价、GDP 是不变价的因素,仅仅根据 GDP 的构成、有关税种的计税依据构成,税收收入增幅高于 GDP 增幅是正常的。

(一) GDP 的构成因素

构成 GDP 的因素有哪几项?根据国家统计局关于收入法 GDP 的计算公式:

GDP = 劳动者报酬 + 生产税净额 + 固定资产折旧 + 营业盈余

如果按照税法的有关概念表述,一个企业的工资、折旧、利润三项因素加在一起,大体就是其创造的 GDP。

(二) 所得税增幅高于 GDP 增幅正常

所得税的计税依据是应纳税所得,在会计利润的基础上,通过纳税调整得出应税所得。为便于说明问题,把会计利润直接当成应税所得。

假定 A 公司 2016 年创造的 GDP 是 100,其中工资是 50,折旧是 20,利润是 30。2017 年 GDP 增幅是 10%,GDP 是 110,其中工资是 52,折旧是 20,利润是 38。

假定 A 公司的所得税率是 25%,2016 年应纳所得税 7.5 (30×25%),2017 年应纳所得税是 9.5 (38×25%),所得税增幅为 26.6%。

通过上面的例子可以简单地看出,在 GDP 增加时,增加的部分可能大多是所得税的计税依据;在计算增幅时,GDP 的分母大、所得税的分母小,所以,所得税增幅自然高于 GDP 增幅。

（三）所得税增幅也可能低于 GDP 增幅

反过来也一样，在 GDP 增幅下降的情况下，所得税的下降幅度可能更大。

假定 A 公司 2017 年 GDP 增幅是 5%，工资是 55，折旧是 19.4，利润是 30.6。应纳税额是 7.65（30.6×25%），所得税增幅是 2%。

其中的道理也简单，构成 GDP 的工资和折旧变化可能不大，但是利润变化大；利润直接影响所得税，在利润下降的情况下，所得税下降更大。

增值税的计税依据是增值额，构成是工资和利润，与所得税相比多了人工成本。增值税的增幅与 GDP 的增幅也不是线性关系，不是高于 GDP 增幅，就是低于 GDP 增幅。

三、澄清两个与税负有关的误区

对税负还是有需要澄清的误区：一是降税负等于减少税收收入；二是税负重了，就一定是坏事。

（一）降税负等于减收入

税负可以说是个相对概念，降低税负不一定降低税收收入。

降低税负，首先自制度设计入手，采取制度性减税。但是，影响税收收入的还有征管能力、经济发展水平等因素。因此，即使制度减税，税收收入也可能增加。拉佛曲线实际就是说明，降低税率可能增加收入，这实际是实现了经济与税收的一种良性循环。

（二）税负重一定是坏事

税收收入的增加高于 GDP 的增加，按照一般的指标，比如税收占 GDP 的比重衡量，税负看似加重了，但未必是坏事，也许恰恰说明了经济增长质量的提高。下面以增值税为例说明这个问题：

增值税的征收对象是增值额，在收入一定的情况下，增值额越大，纳税越多、税负越重；但税负重的，可能盈利能力更强。下面举个简单的例子，只考虑收入和材料。

A公司和B公司销售同样的产品，不含税价都是100元，销项税都是16元。

但A公司技术先进，物耗少，可以抵扣的进项税少，购进材料成本是62.5元，进项税是10元（62.5×16%），应纳税额是6元，按照增值税负的计算公式，税负是6%。

B公司技术相对落后，物耗大，购进材料成本是75元，可以抵扣的进项税多，是12元（75×16%），应纳税额是4元，税负是4%。

B公司看似税负低，但是毛利少，只有25元（100-75）；A公司看似税负重，但是毛利大，有37.5元（100-62.5）。

再以个人所得税为例，更容易说明问题。不考虑专项扣除，张三一个月工资10000元，扣掉5000元后，应纳税所得是5000元，应纳所得税150元，综合税负率是1.5%，税后收入9850元。李四一个月工资是6000元，扣掉5000元后，应纳税所得是1000元，应纳所得税30元，综合税负率是0.5%，税后收入5970元。尽管李四税负低，但他希望像张三那样税负是1.5%；他想一个月挣10000元，而不是6000元。

四、税负有减有增的双向调整

经济决定税收，经济结构的变化导致税源结构的变化。税制的设计、征管的重点，应根据税源分布和变化趋势及时调整、合理设计。但税制设计的变化、征管重点的调整，可能滞后于税源结构的变化，导致不该收的可能收多了，该收的却没收上来。

纳税人的问题，实际也是有轻有重，因此，在减税的同时，也有增税的空间。税负的调整应该是有减有增，把该增的增上来，有助于把该减的减下去。

（一）增税与减税的辩证关系

以下两个增税因素有助于进一步减税：

一是征管能力提高带来的增收效应，为进一步的制度减税提供了一定空间。

二是将新的税源纳入征税范围，增加的收入也可以为制度减税提供一定空间。

（二）新的税源在哪里

经济决定税收，应从经济的变化中寻找税源变化的轨迹。随着互联网的兴起，工作方式、生活方式、投资方式、收入来源、财产构成等都在发生变化，导致税源构成也在变化。一些高收入群体并不一定被纳入了征税范围。

（三）税制设计如何进一步减税

税制设计减税，增值税、企业所得税、个人所得税都有可研究的地方。

增值税最大的问题是抵扣不完整。从理论上分析，除人工成本不得抵扣外，其他支出都应该抵扣，但是现在利息的进项税还不得抵扣，因此应尽早允许抵扣利息的进项税。

在美国减税的背景下，考虑周边国家的企业所得税税率，现行25%的企业所得税率可以适当下降。并购重组等鼓励政策还是存在门槛高、条件苛刻等问题。

个人所得税应适当降低对劳动所得的征税力度，加大对资本和财产等非劳动所得的征税力度。

总之，在全面认识税负的基础上，客观研究税源结构的变化，有减有增地合理调整税负，实现经济发展与收入增长、社会公平的有机统一，应该还有努力的空间。

26. 法理与法规：税收征管法若干问题

  税收征管法直接影响税收实体法能否依法实施，国家的税收权益能否得到有效保障，广大纳税人合法合理的权益能否得到切实维护。税局是纳税人打交道最多的执法部门，缴税是纳税人最关心的法律事项。依法治税是依法治国的重要内容，而科学合理的征管法则是依法治税的重要前提。依法治国可以从依法征税开始，征管法的意义再怎么强调都不过分。

  决定具体条文如何规定的，是对有关基本法理和基本问题的认识。征管法需要在明确有关基本问题的基础上，分析有关规定的合理性。本文针对征管法的有关基本问题，结合网络上公开的征管法草案，讨论以下问题：

一、与征管法有关的基本问题

二、对征管法草案某些具体规定的意见

三、征管法修订的建议

一、与征管法有关的基本问题

对基本问题的认识,影响具体规定的方向;是否认识到基本问题,影响具体规定是否摇摆不定;对基本问题的基本认识,应基本正确。与征管法有关的基本问题包括以下几个:

(一)税收征管的最高目标应该是什么?

规范征纳行为、保障国家收入、保护纳税人权益,无疑都应成为税收征管的目标,但不应是最高目标。税收征管的最高目标似乎应该定位于:提高税法遵从水平,降低税收征纳成本。

目标不同,手段不同。如果将目标定位于保证收入,就可能采取各种措施防止收入流失,不能充分兼顾成本节约。如果将节约成本也作为目标,有助于在遵从提高和成本节约之间找到一个平衡点。应在保障税务局执法权的基础上,尽量降低纳税人的遵从成本;在保证纳税人遵从的基础上,尽量降低税务局的征收成本。

(二)征纳关系与民事关系有何不同?

征管法草案的某些规定与对这个问题的认识有很大关系。《中华人民共和国民法通则》第三条规定:"当事人在民事活动中的地位平等。"第四条规定:"民事活动应当遵循自愿、公平、等价有偿、诚实信用的原则。"

尽管征纳双方在某些方面,比如在遵循税法的问题上是平等的,都要依法办事,在某些时候也是平等的,比如纳税人将税务局告上法庭时,原告和被告的某些权利是平等的;但征纳关系不是民事关系,征纳双方不是自愿、有偿的,双方的地位也不是完全平等的。不能将征纳关系等同于民事关系,不能有意无意地按照双方地位平等处理有关涉税问题。

(三)纳税人依法纳税的责任主体是谁?

纳税人应该依法纳税。但是,纳税人依法纳税的责任主体是谁呢？是税务局还是纳税人？当然是纳税人，纳税人应该依法自主纳税，自己承担没有依法纳税的责任。因为是纳税人依法自主纳税，所以才需要税务局通过稽查发现违规、违法行为，予以相应的处罚。税务局是不应该对纳税人依法纳税承担责任的。一是税务局没有能力承担这个责任；二是如果税局承担责任，那么在逻辑上，税务局就不能再去稽查纳税人而是内部稽查就可以了。

（四）如何确定征纳双方的权力（利）和义务？

征纳双方的权力（利）和义务，既有范围大小之分，也有先后顺序之别。

从范围大小看，征纳双方都有权力（利）和义务，一方的权力（利）可能就是另一方的义务，在双方的权力（利）和义务之间应找一个平衡点。税务局有执法的权力，税务局的权力范围应保证其能依法采取措施，保障国家税款不流失。在能保证税务局履行职责的前提下，应尽量减少纳税人的义务。税务局在行使权力的同时，也有为纳税人提供纳税服务的义务。纳税人有依法纳税的义务，也有依法不纳税等各种权利，但是纳税人的权利范围不能影响，更不能否定税务局的执法权。

从先后顺序看，尽管征纳双方都有权力（利）和义务，但因为双方不是民事关系，权力（利）和义务不完全对等，所以，权力（利）和义务的先后顺序是不同的。税务局是权力在先，义务在后；执法第一，服务第二。税务局的纳税服务是在执法前提下的服务，不能把税务局等同于、降低到提供涉税专业服务的市场主体。纳税人是义务在先，权利在后；只有履行纳税义务，才有资格享受税局服务的权利。

（五）征收、管理、检查是否应该分离？

"征、管、查"相互分离、相互分工，大方向是对的。从分工的角度看，税收工作是应该分工的，也符合管理的一般做法。从纳税人的角度看，如果税局内部不同部门都可以上门检查，不知会给纳税人增加多少遵从成本，也不符合"放管服"的方向和精神。

尽管"征、管、查"分离和分工有一些弊端，比如征收部门和管理部门不能到纳税人处检查，导致难以了解纳税人情况，但是这些问题完全可以在坚持"征、管、查"分离的前提下，通过具体的制度设计予以解决。比如纳税人不依法申报、提供虚假资料，完全可以通过稽查部门的检查去解决。如果稽查部门人手不够，应通过增加人手解决。不能因为具体的技术问题，就改变"征、管、查"分离这一原则。

二、对征管法草案某些具体规定的意见

在对基本问题进行分析的基础上，再分析有关具体规定是否合理、是否应该改进。

（一）关于复议前置的规定

按照现行征管法，纳税人与税务局在是否纳税问题上发生争议，应先缴税，然后再复议，是复议后置。但征管法草案将此改为先复议，纳税人对复议结论不服再缴税，然后起诉，实际是复议前置。

复议前置似乎有助于体现征纳双方的平等。比复议前置更极端的意见是诉讼前置，认为征纳双方在是否纳税问题上产生分歧，应该直接打官司，听法院的，这样才体现双方平等。

复议前置的做法有点自相矛盾。基层税务局还没有执法，还没有形成征税的事实，只是想征税，怎么就成了"被告"，就需要复议呢？这不成了"思想犯"吗？如果双方对是否征税产生分歧就先去复议，实际是剥夺了基层税局的执法权，用上级税局的"司法权"代替了基层税局的执法权。复议前置背后的原因，还是将征纳关系混同于

展　望

民事关系了。

如果复议前置，不知会激发多少纷争、增加多少征纳成本。

征管法草案关于复议前置的规定，在法理上是讲不通的，在操作上是行不通的。

（二）关于预约裁定的规定

征管法草案增加了预约裁定的规定。其作用在于，使纳税人未来复杂事项的涉税问题有一个确定性。既然是给纳税人一个确定性，所以又规定，纳税人因遵从预约裁定少缴税，免除纳税人的责任。

预约裁定的上述规定有两个问题：一是将纳税人依法纳税的责任主体，由纳税人变成了税务局；二是赋予了税务局对税法的终裁权。

纳税人应该依法自主纳税，自己承担少缴税的责任，所以税务局才有稽查的必要和权力，这是公认的道理。而预约裁定显然是税务局替纳税人承担了依法纳税的责任，尽管纳税人不因裁定承担少缴税的责任，符合裁定这一事项自身的小逻辑，但是与纳税人依法自主纳税、自己承担责任的大逻辑却冲突了。

税务局是执法部门，不是司法部门。如果纳税人执行预约裁定少缴税就免除责任，相当于赋予了税务局对税法的终裁权，而终裁权应该在二审法院，怎么能给税务局呢？！

征管法关于预约裁定的规定，在法理上存在很大的问题。

（三）关于税额确认的规定

也许是因为不再坚持"征、管、查"分离，这次征管法草案增加了税额确认的规定。如果税务机关发现纳税人申报不实，甚至发现有合并、分立、解散等情形，就可以对纳税人的应纳税额进行确认。在确认过程中，如果发现纳税人有逃税、欠税等行为的，再由稽查部门立案查处。

税额确认的规定，有以下问题：

一是否定了纳税人依法自主纳税、自己承担责任的一般原理。税务局确定税额，就不是纳税人自主纳税了。

二是赋予征收部门对纳税人的检查权，与降低遵从成本的目标冲突。对纳税人检查的权力，应集中统一归口到稽查局。

三是与查账征税的方向矛盾。税局征税的方向，应该是据实征税，也就是查账征收。在没有账簿或账簿不健全的情况下，才可以核定征收，但不能将核定征收扩大化、普遍化。赋予征收部门对可以查账征收的纳税人核定税额的权力，是征管制度的倒退。

（四）关于信息披露的规定

税务局是执法机关，有权力让纳税人和有关机构提供涉税信息；纳税人和有关机构也有义务向税务局提供或披露各种涉税信息，但是应限于税务局稽查时或到税局办理有关手续时。如果让纳税人随时报告合同信息，尤其是合同对方的信息，就不应该了。尽管这样规定有助于税务局及时掌握纳税人的收入和支出信息，但是这样做不知会给纳税人，尤其是合同多的大企业增加多少遵从成本。为保证税款及时入库，纳税人每月申报纳税是应该负担的遵从成本，但是随时报告合同信息是不应该增加的遵从成本。

更重要的是，对税务局而言，这样做没有必要。一是税务稽查时，可以查阅纳税人的这些信息，不影响依法征税。二是纳税人无论开具增值税普通发票还是专用发票，都得通过金税三期系统，税务局可以及时掌握纳税人的交易信息。

征管法不应无限扩大税务局的权力、加大纳税人的义务，尤其是不必要的权力和义务。

（五）关于税务检查的规定

检查是税法刚性的重要保证，也是纳税人最关心、最担心的问题。税务检查的规定应内容完整、合理。就内容而言，应包括以下问题：

展 望

什么情况下开展检查？

检查的主体是谁？

检查时可以查什么？

检查后如何处理？

什么情况下可以检查？凡是有证据或评估等发现纳税人有任何违规行为，或者是没有发现违规行为，但是几年之内没有检查，就可以检查。当然，转让定价的问题由专门的反避税部门负责。

检查的主体是谁？到纳税人处检查的权力，最好由稽查局统一管理；避免今天征收部门来查，明天管理部门来查，后天稽查部门来查。只要多部门来查，就难免造成重复检查，而且意见不一致可能会导致纳税人怨声载道。

税务局可以检查什么？凡是可能影响税额的合同、发票、账簿、账户等都可以检查；不但可以查被查企业，也可以查与被查企业有业务往来的企业。

检查后应有结论，最好能规定现场结束后多长时间下达处理结论，列举纳税人可能存在的违法、违规行为及处理方式，不宜久拖不决。

征管法草案关于税务检查的规定，实际将检查权扩大到了税局负责征收和管理的部门，而且只规定了检查什么，没有规定在何种情况下才可以检查。实际操作中，这很有可能导致任意检查、多头检查。

（六）关于纳税服务的规定

税法对纳税人而言，分为理解税法和应用税法两个方面。税务局的服务，应限于通过宣传税法帮助纳税人理解税法，但是如何应用税法，是纳税人自己的事。

征管法草案规定税务局应无偿地为纳税人提供纳税咨询服务。

税务局为纳税人提供的服务应该有边界，应限于对税法的宣传和解释，也就是帮助纳税人理解税法。至于纳税人如何应用税法，比如某些业务是否该纳税，应由纳税人自己判断。如果对如何应用税法，税务局也负责，相当于替纳税人承担依法纳税的责任了。政府的归政府，市场的归市场，税务局对纳税人的服务不应包揽一切；不能把作为执法主体的税务局，变成作为市场主体的税务师事务所。

（七）关于**税收利息**的规定

纳税人未按照规定期限缴纳税款，现在是加收滞纳金，草案改成加收税收利息。税务局作出征税决定，纳税人再不按时缴纳，才对其加征千分之五的滞纳金。

滞纳金改成利息，看似更加温和，但是模糊了事情的性质。利息是平等民事主体之间的资金使用价格，也就是平等的民事行为才用"利息"的概念。纳税人未按照规定纳税是一种违法行为，用"利息"一词，会产生将违法行为模糊成民事行为的效果，因此还是滞纳金比较恰当。

（八）关于**违法处罚**的规定

征管法草案规定，纳税人虚构或虚增交易构成虚开发票，处虚开税额两倍以下罚款。

虚开发票可以分两种情况：一是为了逃避纳税或骗税，在没有真实交易的情况下，虚开发票、少缴税款，既有少缴税的目的，也有少缴税的后果；二是为了报表好看，或者交易的需要，在没有货物交付或资金支付的情况下开具发票。比如河北的甲公司将货物100元卖给天津的乙公司，天津的乙公司又按照110元的价格将货物卖给山西的丙公司。天津的乙公司要求河北的甲公司直接将货物发给山西的丙公司，山西的丙公司将100元给河北的甲公司、10元给天津的乙公司。甲公司和乙公司分别按照100元和10元给丙公司开票,分别确认收入,分别纳税,并没有导致国家税款损失。这种情况,不应算是虚开发票。

税法遵从的目的,是保障国家的税收收入不受损失。因此,对纳税人的违法违规行为,首先应定性分析,看是否有少缴税的目的和后果。如果以少缴税为目的,并且有少缴税的后果,应从严处罚;如果没有少缴税的目的,也没有少缴税的后果,尽管"吹牛",但是上了税,就不应按虚开发票处罚,最多按发票开具违规处理。

三、征管法修订的建议

良法是善治的前提。征管法的规定,只有与法理常理不冲突、与公序良俗不矛盾,才可以称得上是良法(无论是从税务局的角度,还是从纳税人的角度)。制定一部符合时代要求、宽严相济、科学合理的征管法,有助于提高征纳双方的税法遵从水平,降低征纳双方的遵从成本,实现税收征管的最高目标。

之所以在一些具体规定上存在分歧,主要是对某些基本问题没有达成共识,或者是可能没有意识到这些基本问题。征管法的修订,最好能先圈定需要明确的若干基本问题,在将基本问题研究透彻的基础上,再讨论目前的条文是否需要进一步完善。